文字的奥秘

WEN ZI DE AO MI

杨一铎 著

从我说起
CONG WO SHUO QI

广西人民出版社

图书在版编目（CIP）数据

文字的奥秘 . 从我说起 / 杨一铎著. —南宁：广西人民出版社，2011.7（2024.4重印）
ISBN 978-7-219-07326-1

Ⅰ.①文… Ⅱ.①杨… Ⅲ.①汉字-少儿读物 Ⅳ.①H12-49
中国版本图书馆 CIP 数据核字（2011）第 079941 号

项目策划　白竹林
责任编辑　白竹林　梁凤华
责任校对　唐柳娜

出版发行	广西人民出版社
社　　址	广西南宁市桂春路 6 号
邮　　编	530021
印　　刷	广西民族印刷包装集团有限公司
开　　本	880mm×1240mm　1/32
印　　张	6
字　　数	159 千字
版　　次	2011 年 7 月　第 1 版
印　　次	2024 年 4 月　第 22 次印刷
书　　号	ISBN 978-7-219-07326-1
定　　价	26.80 元

版权所有　翻印必究

目录

我 ············ 001

自 ············ 004

目 ············ 006

眉 ············ 009

耳 ············ 011

口 ············ 013

舌 ············ 015

牙 ············ 017

齿 ············ 019

须 ············ 021

发 ············ 024

肩 ············ 026

手 ············ 028

心 ············ 031

元 ············ 033

首 ············ 035

页 ············ 037

见 ············ 039

相 ············ 042

监 ············ 045

省	048
视	050
闻	052
听	055
圣	057
言	059
名	061
甘	063

害	065
嚣	067
欠	069
吹	071
涎	074
曰	076
唐	078
友	080
共	083
又	085
爪	087
足	090

目录 >>

止 ············ 092

步 ············ 094

之 ············ 097

父 ············ 099

母 ············ 102

男 ············ 104

女 ············ 106

妻 ············ 108

妇 ············ 111

好 ············ 113

身 ············ 116

孕 ············ 118

乃 ············ 120

乳 ············ 122

幼 ············ 124

加 ············ 127

儿 ············ 129

兄 ············ 132

玄 ············ 134

系 ············ 136

绝 …… 138	常 …… 157
御 …… 140	衰 …… 159
考 …… 143	衰 …… 162
老 …… 145	巾 …… 164
每 …… 148	帚 …… 166
毓 …… 150	帛 …… 169
繁 …… 152	家 …… 171
衣 …… 154	穴 …… 174
	窗 …… 176
	门 …… 179
	开 …… 181
	关 …… 184

我

"我"字是汉语中用来自称的代词,世界上有多少个人就会有多少个具体的"我"的人物形象。但是,这个能指代不同的人的"我"字,它的字形结构却和人体形象相差很远,那它是怎么来的呢?其实,在甲骨文、金文中,"我"字的形象是一种手柄很长、头部像刀叉样子的兵器,因为这种兵器能保护自己不受伤害,人们离不开它,所以古人就用它来指代自己。后来,到小篆、隶书时,"我"字变得美观起来,但离兵器的形象也越来越远,我们只能从它的右半边字形"戈"勉强意会到兵器的含义。小朋友,原来"我"是用一种兵器来指代的,提醒大家要保护自己,那么你也要学会保护自己哟!

【"我"字的演变】

甲骨文	金文	小篆	隶书	简体字
𢦏	我	我	我	我

【英语一点通】

"我"的英文是 I。英文中,I 是主格人称代词,当"我"作宾格人称代词时,则用 me 表示。另外,I 也是英文的第九个字母,和"眼睛"的英文 eye 读音一样。比如"I have a pair of bright eyes."意思是"我有一双明亮的眼睛"。其中 pair 表示"一双",bright 指"明亮的"。

【寄语小读者】

"天生我材必有用"是我国唐代大诗人李白在诗歌《将进酒》中写的一句话,意思是说:上天既然让我降生并赋予我才干,那么必然就会让我有成就自己一番作为的地方。这句话告诉我们,每个人都有他存在的价值,我们要对自己的才能有信心。小朋友,你也要相信自己会很棒!

自

在与人交谈时，人们提到自己时会辅以手势，有人会用手拍自己的胸脯，还有人会用手指自己的鼻子。大概我们的祖先更常用后一种手势，因此他们干脆就把原本表示鼻子的字"自"借用来指抽象的概念自己，同时又另造了一个字"鼻"来表示"自"的本来含义——鼻子。甲骨文的"自"就是一个鼻子的象形：上半部分表示鼻梁，下半部分指两个鼻孔。到金文，"自"还是鼻子的形状，但已远不如甲骨文生动。小篆承袭金文，强调了字形的工整，隶书缘此写作"自"，字形也并没有太多变化。"自"除了表示自己外，还有"从""由"的意思，如"自古以来"等；也可以作副词指"当然""自然"，如"自不待言、自生自灭"等。

【"自"字的演变】

甲骨文	金文	小篆	隶书	简体字
𦣹	自	自	自	自

【英语一点通】

"自"的英文是 self,意思是"自己、自我、本身"等。英文中有个谚语"Self do, self have.",意思是"自作自受。"。self 一般作可数名词,另有一个代词 oneself 也指"自己、自身、亲自"等,一般表示强调。如"One must do it oneself."意思就是"那件事一定要亲自做。"

【词语聚宝盆】

"自暴自弃"语出《孟子》,意思是自己糟蹋自己、自己鄙弃自己,形容不知自爱、甘于落后。暴:糟蹋;弃:鄙弃。例如:不要因为一次的失败而自暴自弃。与"自暴自弃"近义的词有"妄自菲薄、自惭形秽",反义的词有"妄自尊大、自高自大、夜郎自大、自命不凡、目空一切"等。

目

眼睛是心灵的窗户,是我们观察事物、传递情感的重要器官。"目"是眼睛的书面语,也是古人很早就造出来的一个象形字。在甲骨文、金文中,"目"字形象逼真,是人的一只眼睛的轮廓,里面的小圈即表示眼球。但到小篆,眼睛的图形被竖起来,不仅死板,而且失去了象形的特点。此后各字体的"目"即缘此而来。"目"的本义即人的眼睛,在先秦时期,它是表示"看、视、观察"等义的常用语,如"目送"等;但自两汉后,"目"的很多字义为"眼"所取代,特别是在口语中,如"贼眼"等。因此,"目"也渐渐具有书面语的色彩。汉语中,"目"还作为偏旁,组成如"盯、瞥、眯、盲、睁"等字,其字义基本与眼睛有关。

【"目"字的演变】

甲骨文	金文	小篆	隶书	简体字
◁	◁	目	目	目

【英语一点通】

"目"作为"眼睛"讲时,英文是 eye。eye 可以组成短语 an eye for an eye,意思就是"以眼还眼"或"以牙还牙"。与 eye 字形相近的词有 eve,意思是"前夜、前夕",例如 Christmas Eve 就是指"圣诞节前夜"。其中 Christmas 表示"圣诞节"。

【科普小知识】

眼睛是人类感官中最重要的器官,我们的大脑中大约有 80% 的知识和记忆都是通过眼睛获取的。读书认字、辨别人物、欣赏美景等都要用到眼睛。眼睛能辨别不同的颜色和光线,再将这些视觉、形象转变成神经信号,传送给大脑。由于视觉对人如此重要,所以我们要保护好自己的眼睛,养成良好的用眼习惯,并应该坚持每隔半年去检查一次视力,以防眼睛疾病的发生。

眉

如果眼睛是心灵的窗户,那么眉毛大概可以算作窗帘。因为眉毛在人的面部不仅具有美容和表情的作用,它还是眼睛的"卫士",对眼睛起着遮风挡雨的保护作用。正是由于眉毛与眼睛的这种密切关系,我们的祖先在造"眉"字时便要画出眼睛来。甲骨文中,"眉"字是眼睛及其上面眉毛的图形。到金文,眉毛下加上了表示眉骨的线条,并与眼睛分开,图形更加生动。但自小篆起,字形趋于符号化,渐失象形的特点;直至隶书后,字形确定为"眉"。"眉"的本义即眉毛,如"眉飞色舞"等,后引申为书页上端的空白,如"书眉、眉批"等。"眉"还可以作"老"讲,如"眉寿"即长寿;有时还用作量词,如"一眉新月"等。

【"眉"字的演变】

甲骨文	金文	小篆	隶书	简体字

【英语一点通】

"眉"的英文是 eyebrow。如"浓眉大眼"就是 with big eyes and bushy eyebrows。其中 bushy 的意思是"浓密的"。单词 eyebrow 由 eye 和 brow 组成,brow 也是"眉毛"的意思。如 the heavy brows 就是指"浓眉",其中 heavy 的意思是"重的、浓密的"。

【小朋友背诗词】

画眉鸟

[宋]欧阳修

百啭千声随意移,山花红紫树高低。

始知锁向金笼听,不及林间自在啼。

(注释 啭:鸟婉转地啼叫。随意:随着自己(鸟)的心意。树高低:树林中的高处或低处。始知:现在才知道。金笼:贵重的鸟笼。不及:远远比不上。)

耳

耳朵是几乎所有动物身上都会有的听觉和平衡感觉的器官。小朋友都知道,不同的动物会有大小、形状都不一样的耳朵,如大象的耳朵大而圆、兔子的耳朵细而长。不仅如此,有些动物譬如昆虫的"耳朵"生长的部位也很奇特,如蟋蟀的耳朵长在腿上、蝗虫的耳朵长在腹部、蚊子的耳朵长在触角上,而苍蝇的耳朵长在翅膀上。但是,古人在造"耳"字时,依据是我们人的耳朵。甲骨文的"耳"画的就是人的耳朵的形状,但到金文,耳朵的形状开始变化。小篆时,字形已完全没有了象形的神韵而变得抽象,隶书缘此写作"耳",才算是对该字字形演变的终结。汉语中,"耳"可以作部首,一般构成与耳朵相关的字如"聆、聪"等。

【"耳"字的演变】

| 甲骨文 | 金文 | 小篆 | 隶书 | 简体字 |

【英语一点通】

"耳"的英文是 ear。英文中有个谚语"Walls have ears.",意思是"隔墙有耳。"其中 wall 的意思是"墙、壁"。与 ear 形、音接近的单词有 dear(亲爱的)、hear(听见)、near(附近的)等。与 wall 形、音接近的单词有 ball(球)、tall(高的)等。

【科普小知识】

有些人的耳朵会动,这是为什么呢?本来每个人的耳后都有一块动耳肌,在神经支配下它可以活动。但随着人的进化,有些人的动耳肌退化,因此耳朵就不会动了;而有些人还保留着动耳肌,所以耳朵会动。耳朵会动是大脑皮层发达的表现,它能使脑神经更加有力。一般来说,那些耳朵会动的人往往有更强的意志力与洞察力。

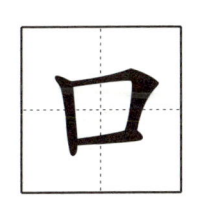

口

"口"是我们用来发声、吃东西的重要人体器官,它的字形简单,是古人造字时对嘴巴形状的象形。从甲骨文到小篆,"口"描绘的都是人嘴巴张开时上下嘴唇的形象。隶书后,字形简化为"口",就一直沿用下来。除了本义指"嘴"外,"口"被引申为容器通外面的地方,如"瓶口、碗口"等;还引申为出入通过的地方,如"门口、港口"等;也引申为破裂的地方,如"裂口、伤口"等;还可以指人、人口,如"三口之家"等;有时也被用作量词,如"一口钟、一口宝剑、一口猪"等。另外,"口"还是一个部首字,组成的字如"吃、吐、叫、喊"等,字义基本都与嘴巴有关。

【"口"字的演变】

甲骨文	金文	小篆	隶书	简体字

【英语一点通】

"口"的英文是 mouth，意为"嘴巴"，短语 from mouth to mouth 则表示"口口相传"。当"口"指"门口"时，英文是 gate，比如"在学校门口"即 at the gate of school，其中 school 的意思是"学校"。与 gate 音、形相似的词有 late（迟的）、fate（命运）等。

【词语聚宝盆】

"口是心非"意思是心口不一致，嘴上说一套，心里想一套，含贬义，形容人两面三刀、心口不一致。例如：同志们对他这种口是心非的做法很不满意。与"口是心非"近义的词有"阳奉阴违、言不由衷"，反义的词有"言为心声、言行一致、表里如一"等。小朋友要注意，"口是心非"和"言不由衷"都能形容人心口不一，但"口是心非"的语义及贬义色彩要比"言不由衷"重得多。

舌

舌头是人的口腔中具有搅拌食物、感受味觉和辅助发音等功能的重要器官,古人对"舌"字的创造自然离不开对"口"字的参照。甲骨文、金文中,"舌"的上半部分是类似武器的表示冲犯意义的象形字"干",下半部分是口的象形,中间的小点表示口水或唾液,多形会意,指在口腔中转动,以辅助发音、搅拌食物,伸出来还会带有口水的舌头。到小篆,"舌"字省去了点,字形变得美观;隶书后,笔画改曲为直,字形最终确定为"舌"。"舌"在本义的基础上又引申为言辞,如"白费口舌"等;又引申为像舌头的东西,如"火舌、帽舌"等。"舌"还可以作为偏旁,组成多与舌头有关的词,如"舔、舐、甜"等。

【"舌"字的演变】

甲骨文	金文	小篆	隶书	简体字
𠯑	𠯑	舌	舌	舌

【英语一点通】

"舌"的英文是 tongue,但是英文短语 mother tongue 的意思并不是"妈妈的舌头",而是指"母语",也就是小朋友最初学会的语言,因为 tongue 还有一个意思是"语言"。另外,tongue 还指"口才",如 lose one's tongue 即"张口结舌",其中 lose 的意思是"丢失、迷失"。

【词语聚宝盆】

"唇枪舌剑"意思是唇像枪,舌如剑。形容争辩激烈、言辞锋利,像枪剑交锋一样。例如:双方辩手唇枪舌剑、你来我往互不相让,将辩论的魅力充分展现给了现场观众。与"唇枪舌剑"近义的词有"针锋相对",但"唇枪舌剑"偏重指言辞的尖刻,而"针锋相对"则偏重对对方的攻击,或针对对方进行回击。

牙

牙齿是人体最坚硬的器官,也是我们口腔内用来咀嚼食物、辅助发音的重要器官。现代汉语中,"牙"与"齿"同义,都是指牙齿,但是它们被创造之初,本义却有所不同。金文中的"牙"是竖起来的犬齿交错的图形,本义指槽牙,即犬齿两边的牙,上下各两颗。到小篆,字形变得工整、复杂,但失去了象形的意味;隶书缘此写作"牙",字形已完全符号化。"牙"在古汉语中多用来指象牙或象牙制品,如"牙梳"即指象牙梳子、"牙章"即指象牙印章等;还用来指类似牙齿形状的东西,如"抽屉牙子";或指买卖介绍人、经纪人,如"牙人、牙子"就是指过去在买卖人双方之间撮合,以获取佣金的人。

【"牙"字的演变】

金文　　小篆　　隶书　　简体字

【英语一点通】

"牙"的英文是 tooth。小朋友要注意，tooth 是一个不规则变化的名词，它的复数形式是 teeth。如"刷牙"的英文就是 brush one's teeth，其中 brush 的意思是"刷、擦"。与 tooth 复数变化规则相同，goose（鹅）的复数形式也是将单词中的"oo"变为"ee"，即 geese。

【科普小知识】

人的一生总共有两副牙齿：乳牙和恒牙。乳牙是人的第一副牙齿，共 20 颗。从出生后 6 个月左右开始萌出，到 3 岁时基本长齐。恒牙是人的第二副牙齿，共 32 颗。从 6 岁左右乳牙开始逐渐脱落起，恒牙便开始萌出，除了第三磨牙外，一般在 12 岁左右就基本长齐 28 颗牙齿。恒牙是人的最后一副牙齿，如果恒牙脱落，将不再有牙齿萌生。所以，小朋友一定要保护好自己的牙齿！

齿

"齿"也就是牙齿，但它本来的含义是指门牙。甲骨文的"齿"是象形字，描画的就是人口中的牙齿，字形中的几个点即指嘴唇下的门牙。到金文，字的上面多出了代表读音的声符"止"，"齿"随即演变为形声字。小篆缘金文而来，隶书一脉相承，汉字简化为"齿"。"齿"在演变中，字义有所扩展，被引申为排列像牙齿形状的东西，如"锯齿、齿轮"等；还引申指年寿、岁数、年龄等，如"齿序"即指年龄的大小、"没齿不忘"即指终身不能忘记；也可以指并列、引为同类等，如"不齿"即指不能同列或不与同列，用来表示鄙弃。

【"齿"字的演变】

甲骨文	金文	小篆	隶书	简体字

【英语一点通】

"齿"表示牙齿时,英文与"牙"相同,也是 tooth。与 tooth 音、形相似的词有 booth(货摊),如"电话亭"就是 telephone booth,其中 telephone 是"电话"的意思。

【小朋友猜谜语】

小小石头硬又白,整整齐齐排两排。
天天早起刷干净,结结实实不爱坏。

(打一人体器官)

(谜底:牙齿)

须

"须"是一个以表示头的"页"为部首的字,指长在人的下巴和两腮上的毛。甲骨文的"须"是一个象形的文字:在人的图形上画了一个口,然后在口旁再加上两撇表示胡须,整个字形描画的就是人的下巴或两腮长有胡须的样子。到金文,字的左边演变成金文的"页",而右边在人头的部位仍保留三撇表示胡须。小篆调整了金文的字形结构,左为表示毛饰的"彡"、右为表示头的"页";隶书缘此写作"須";汉字简化后演变为"须"。"须"的字义除表示胡须外,还可指像胡须的东西,如"根须、触须"等;也指片刻,如"须臾"等;当助动词用时则指必要、应当,如"无须、须要"等。

【"须"字的演变】

甲骨文	金文	小篆	隶书	简体字
𩑃	𩑋	須	須	须

022

【英语一点通】

"须"表示"胡须"时，对应的英文单词有两个：一个是 beard，指下巴上的胡须，如"留着长胡子的人"就是 a man with a long beard，其中 long 的意思是"长的"；另一个单词是 moustache，指嘴唇上部的胡须，如"留着八字胡的人"就是 a man with a pair of moustache。

【小朋友背诗词】

闻官军收河南河北

[唐] 杜甫

剑外忽传收蓟北，初闻涕泪满衣裳。
却看妻子愁何在，漫卷诗书喜欲狂。
白日放歌须纵酒，青春作伴好还乡。
即从巴峡穿巫峡，便下襄阳向洛阳。

（**注释** 闻：听说。官军：这里指唐王朝的军队。剑外：四川。蓟北：今河北北部。却看：再看。妻子：妻子和孩子。青春：一说指春天的景物，另一说指酒名。巴峡、巫峡：均为长江三峡之一。）

发

小朋友已经学过,"发"是一个多音多义字,读fā时作动词,指送出、表达、产生等;读fà时作名词,指头发。为什么会出现这种情况?原来,简体字的"发"由两个截然不同的字演变而来。动词"发",本义为投掷、发射。甲骨文的字形由上面的两只脚、左下方的一只手和中间表示标枪的竖线组成,会意为边跑边投掷标枪。到金文,字形右边增加了一个弓的符号,以强调发射之义。小篆对金文字形进行调整,隶书缘此写作"發"。名词"发",金文的"发"由犬和人的眉毛之形会意而成,指毛发。到小篆,字形变得复杂,隶书缘此写作"髮"。汉字简化时,意义本无联系的"發"与"髮"却统一写作"发"。

【"发"字的演变】

甲骨文	金文	小篆	隶书	简体字
			發髮	发

【英语一点通】

"发"(fà)的英文是 hair,指"头发、毛发"。如"白发"就是 white hair,其中 white 的意思是"白色的"。与 hair 音、形相似的词有 fair(公平的)、pair(一双、一对)等。单词 pair 一般用于短语 a pair of,指"一双、一对"等,如"一双鞋"就是 a pair of shoes。

【可爱的祖国】

在我国古代,不论男女都要蓄留长发。等男子长到一定的年龄,要为他们举行一次"成人礼"的仪式,称为"冠礼"。男行冠礼,就是把头发盘成发髻,谓之"结发",然后再戴上帽子。"《说文解字》中说:"冠,弁冕之总名也。谓之成人。"意思是:男子到二十岁就要举行冠礼,并赐以字。说明他刚刚到了成人年龄。因此,二十岁也称"弱冠之年"。

肩

小朋友年龄虽然还小，但是你们肩负着建设祖国未来的伟大使命。"肩负"即担负，这一动词是由表示肩膀的"肩"的本义引申而来。金文的"肩"是个会意字，左上半部分是一扇门的象形，右下半部分是人或动物身体肌肉的象形。两形会意，指像门一样可以转动的身体部位，也就是胳膊上面与躯干相连的部分，即肩膀。小篆承袭金文，字形中表示门的图形演变为符号"户"，隶书缘此写作"肩"，并沿用至今。"肩"的本义是肩膀，由此引申出"肩注"，"肩注"即指书页顶部外角的标记。"肩"还被引申为动词，表示担荷，如"肩负"；有时还用作量词，比喻重量、负担，如"一肩重担"等。

【"肩"字的演变】

金文　　小篆　　隶书　　简体字

【英语一点通】

"肩"的英文是 shoulder。shoulder 作名词时，意思是"肩膀"，比如 fight shoulder to shoulder 即指"并肩战斗"，其中 fight 表示"战斗"；shoulder 也可以作动词，指"肩负"，如"身肩重任"就是 shoulder heavy responsibilities。

【小朋友学儿歌】

我有一副小肩膀

我有一副小肩膀，妈妈做饭我帮忙。
山上挑回一担柴，妈妈烧饭炉火旺。
池塘挑来清泉水，饭菜烧得喷喷香。
小小肩膀硬朗朗，爸爸种田我帮忙。
挑担化肥田间走，爸爸育的禾苗壮。
挑担稻谷送回家，丰收粮食装满仓。

手

小朋友，请观察一下你的双手，来和金文中的"手"字对比一下，看一看是不是很像？在金文和小篆中，"手"字上面的分叉就代表了五个手指，下面的部分就代表手掌。所以，"手"的最初字形和意思一致，都表示手腕以下的部分，即指我们的手。隶书时，字形走向符号化，写作"手"，基本失去了象形的特点。简体字承袭隶书，没有什么改变。"手"可以作偏旁，即提手旁"扌"，组成的字如"拍、拉、握、提"等，意思一般都与"手"的动作有关。另外，"手"字在演变中还衍生出其他字义，如在"人手一册"中指拿着，在"手法"中指技能，在"生产能手"中指擅长某种事情或某种技能，而在"手枪"中指小巧易拿。

【"手"字的演变】

shǒu zì de yǎn biàn

金文	小篆	隶书	简体字
手	手	手	手

【英语一点通】

"手"的英文是 hand。英文中,两个 hand 连用,即 hand in hand,就表示"手拉手",比如"我们手拉手。"就是"We are hand in hand."。另外,hand 在英文中还可以表示钟表的指针,比如说"时针"就是 the hour hand,其中 hour 指"小时"。小朋友,这个"hand"有意思吧?

【小朋友猜谜语】

小兄弟共十个,矮的矮高的高,
会穿衣会戴帽,一起玩关系好。

(打一身体器官)

(谜底:手)

心

在古人看来,人的各种情感都产生自内心,因此,他们把"心"看作一种感觉器官,可以思考也可以有很多情绪,比如说"心想、心烦、心狠"等。由此,他们还把"心"字作为偏旁:放在字的下面仍写作"心",放在左边则写作"忄",构成了许多与心思、心情等意义相关的字,如"悲、念、惊、怯"等。实际上,大脑才是人进行思考、产生各种情绪的神经中枢,"心"只不过是人体内一个主管血液循环的器官,也即心脏。而古人造的"心"字其实也是对心脏这一器官的象形。甲骨文中,"心"就是一个心脏的象形;到金文,心的样子有些变形;而小篆时,心已被抽象化;隶书时则完全失去了象形的意味。

【"心"字的演变】

甲骨文	金文	小篆	隶书	简体字
			心	心

【英语一点通】

"心"的英文是 heart,指"心脏"。在 heart 的字形中还包含着两个单词:hear(听见)和 ear(耳朵)。小朋友可以用"我的耳朵听见了心跳"来联想记忆 ear、hear 和 heart 这三个单词。另外,heart 在英文中还表示"纸牌中的红桃",比如"红桃10"就是 the 10 of hearts。

【小朋友背诗词】

春望

[唐] 杜甫

国破山河在,城春草木深。
感时花溅泪,恨别鸟惊心。
烽火连三月,家书抵万金。
白头搔更短,浑欲不胜簪。

(注释 国:指京城长安。感时:感叹时事。烽火:这里指战争。抵:值。浑:简直。簪:古代男子成年后把头发绾在头顶上,用一根簪别住。)

元

"元"是我们常见的一个词,它有着丰富的字义。但它最初是指人的脑袋。甲骨文的"元"是在人的象形上加一短一长两横构成,上短下长两横是甲骨文的"上"字,因此,"人"与"上"两形会意,"元"即指人的头部。金文、小篆的字形与甲骨文一脉相承,但到隶书,下面的"人"演变为"儿",字形因此也固定为"元"。在"元"本义"头"的基础上引申出很多字义,如在"元神、元命"中指天;在"元旦、元年"中指开始、起端;在"元音、元素"中指基本;在"元杂剧、元代"中指我国古代处于宋、明之间的一个朝代。另外,"元"还可以作为数学名词以及我国的货币单位,如"一元二次方程、十元钱"等。

【"元"字的演变】

甲骨文	金文	小篆	隶书	简体字
𠇑	𠇑	元	元	元

【英语一点通】

"元"当作"开始的、第一"讲时,英文是 first。比如"元月"即 the first month of the year, 就是指每年的第一个月,其中 month 指"月、月份",year 指"年"。另外,单词 January 也表示"元月、一月"。当"元"做"基本"讲时,英文是 basic。

【词语聚宝盆】

"元元本本"原指探索事物的根由底细,后指详细叙述事情的全部起因和整个过程,一点不漏。元元:探索原始;本本:寻求根本。例如:小明把他买礼物的经过元元本本地向老师陈述了一遍。与"元元本本"近义的词有"原原本本"等。

首

"首"和"元"一样，本义都表示头。但与会意字"元"不同，"首"是一个象形字。甲骨文中，"首"是一个人的头的侧面图形，突出眼睛。到金文，字形改变，上边的三条竖线和一条横线分别表示头发和头皮，下边则是一只眼睛的象形，两形组合，仍指人的头。小篆承袭金文，但结构做了调整，字形也变得美观，隶书缘此写作"首"，完成了该汉字符号化的演变。"首"一般与"元"组成词语"元首"，指君主或国家最高领导人；还用来指第一，如"首位、首选"等；也可以指开端、开头或前端，如"首春、首岁、首尾相接"等；还能用来指方位，如"左首、门首"等。

【"首"字的演变】

甲骨文	金文	小篆	隶书	简体字
			首	首

【英语一点通】

"首"当"头"讲时，英文是 head，如"他的头很大。"就是"He has a big head."。"首"当作"领导、领袖"讲时，英文是 leader，如 the leader of the Opposition（反对党）的意思就是"反对党领袖"；"首"当作"第一"讲时，英文则是 first，如"首先"即 first of all。

【可爱的祖国】

我国历史上第一个国家是夏，第一任国君是禹的儿子启。禹原来是部落联盟的领袖，称为"伯"。禹死以后，启成为夏的统治者，就不再称"伯"，而称为"后"。商灭夏后，从商汤开始国家的首脑称作"王"。代商而起的西周，国家首脑除称"王"外，又称"天子"。秦始皇统一中国后，更改国家首脑的称号为"皇帝"，所以"皇帝"这个称号最先使用的是秦始皇。

页

小朋友注意到没有？汉语中以"页"为部首的字，其字义大都与人的头或面有关。比如"顶"指头的上部，"顿"指用头叩地，"领"指头下脖子的两边，"颏"指脸的最下部分，即下巴等。这是因为"页"和"首"一样，本义都表示"头"。虽然"页"和"首"的简体字字形相差甚远，但它们在甲骨文、金文中的字形却很相似。甲骨文、金文中，"页"比"首"多了一个跪着的人的图形，这是为了强调人的脸面与人体的关系，以突出人的头部。小篆后，"页"的字形渐渐脱离象形的特点，直到简体字，其下半部分写作"人"，才似乎回应了甲骨文、金文的象形字形。"页"的本义现在已基本不用，常用的为其引申义"书页"等。

【"页"字的演变】

甲骨文	金文	小篆	隶书	简体字

【英语一点通】

"页"的英文是 page，表示书、期刊等印刷品的书页。比如老师会经常讲的"翻开书本的第 36 页。"，英文就是"Open your books to page 36."；或者"一本 100 页的书"，英文就是 a book of 100 pages。另外，英文 leaf 也能表示"书刊中的一页"，但 leaf 是指一页的正反两面，即 one leaf 相当于 two pages。

【科普小知识】

页岩是一种具有薄页状或薄片层状节理、主要由黏土沉积经压力和温度形成的沉积岩石。根据其混入物的成分，可分为钙质页岩、铁质页岩、硅质页岩、炭质页岩、黑色页岩、油母页岩等。页岩形成于静水环境中，所以经常存在于湖泊、河流三角洲地带，海洋大陆架中也有。页岩中经常包含古代动植物的化石，有时也有动物的足迹化石，甚至古代雨滴的痕迹都可能在页岩中保存下来。

见

眼睛是视觉器官,人们用它对事物进行注视、观察、发现等活动。为了区别这些活动的差异,古人根据"目"字造出了与眼睛活动相关的一些会意字,"见"字就是其中一个。甲骨文、金文中,"见"由眼睛和人的图形会意而成,并以"目"在"人"之上突出强调眼睛的作用,即表示"看见、看到"。小篆时,字形中的眼睛演变为竖起来的"目",少了很多象形的意韵。到隶书,下面的人形变为"儿",与"目"组合,字形的会意韵味几乎丧失殆尽。汉字简化后,"见"又写作"见",则完全走向符号化。在本义基础上,"见"的字义有很多引申,如在"接见"中表示会晤、会面之义;在"见笑"中用作助词,表示被动之义等。

【"见"字的演变】

甲骨文	金文	小篆	隶书	简体字
𧢨	𧢨	見	見	见

【英语一点通】

"见"的英文是 see，意思是"看见、看到"。比如"Seeing is believing."意为"百闻不如一见。"。其中 believe 的意思是"相信"。英文中有一个单词 sea 与 see 的读音相同，但 sea 的意思是"海、海洋"。与 see 音、形相似的单词还有 bee(蜜蜂)。

【词语聚宝盆】

"不见经传"意思是经传里没有记载。经传，指经典的著作。这一成语用来指人或事物没多大名气，不大为人所知；也指说话或行文没有书本根据。例如：上届乒乓球赛的冠军这次却被一个名不见经传的小将打败，爆出了本届比赛的最大冷门。与"不见经传"近义的词有"无声无息、默默无闻、无名鼠辈"，反义的词有"赫赫有名、大名鼎鼎、尽人皆知"等。

相

老师常说："同学们要互相帮助！"这句话里，"相"的意思是"交互"。但小朋友知道吗？"相"字最初却是与眼睛有关的动词。甲骨文、金文中，"相"由树木和眼睛的图形会意而成，形象地反映了古人的一种劳动场景：他们经常伐木取材，但用途不同，所要砍伐的树木就有区别，因此在砍伐之前，他们会用眼睛仔细观察、辨别树木的形状、质地、大小等。这一场景被描绘在古人所造的字中，就赋予了"相"的本义即"观察、审视"。从小篆起，"相"字日趋符号化，但左"木"右"目"的结构一直未变。除了本义，"相"还引申为容貌、样子，如"相貌、可怜相"等；还可作辅佐之义，用作官名，如"宰相、首相"等。

【"相"字的演变】

xiāng zì de yǎn biàn

甲骨文	金文	小篆	隶书	简体字
		相	相	相

043

【英语一点通】

"相"(xiāng)表示"观察"时,英文是 observe,比如"相时"即 observe the situation(形势),也就是"观察形势"。"相"(xiàng)表示"容貌"时,英文是 appearance,比如"怪相"即 strange(奇怪的) appearance。"相"(xiàng)用作官名时,英文是 minister。

【小朋友背诗词】

诗经·鄘风·相鼠

相鼠有皮,人而无仪。人而无仪,不死何为?

相鼠有齿,人而无止。人而无止,不死何俟?

相鼠有体,人而无礼。人而无礼,胡不遄死?

(**注释** 相:察看。仪:礼仪。止:节制。俟:等待。遄:迅速。)

监

小朋友每日洗漱时，家里有镜子可以照，但在上古时期，我们的祖先只能端盆水当镜子用。古人造出的"监"字描绘的就是这种生活状态。甲骨文中，"监"由盛水的器皿、眼睛和人三形会意而成，表示人睁大眼睛看水中自己的脸，即从器皿的水中照看自己的面影。到金文，三种象形图画分开，器皿上还多出一小横，表示器中有水，但"监"的本义不变，仍会意为"照影"。小篆字形源于金文，线条变得圆润；到隶书，已完全符号化；汉字简化后，又写作"监"。在字体发展中，"监"的字义也发生演变，由照看自己的面影引申出"镜子"之义，还引申为观察别的人或事物，也即有了"借鉴、监视、监督"等字义。

【"监"字的演变】

jiān zì de yǎn biàn

甲骨文	金文	小篆	隶书	简体字
			監	监

【英语一点通】

"监"(jiān)指"监狱"时,英文有两个:一个是 jail,另一个是 prison。两者区别在于 jail 既能作名词,也能作动词,而 prison 只作名词。与 jail 音、形相似的词有 tail(尾巴)。

【词语聚宝盆】

"监守自盗"语出《汉书》,意思是窃取公务上自己看管的财物。监守:看管;盗:盗窃。例如:她监守自盗,多次窃取公款,终于受到法律制裁。与"监守自盗"近义的词有"见利忘义、知法犯法",反义的词有"以身作则、两袖清风、克己奉公"等。

省

中国是世界农业主要发祥地之一,我们的祖先很早就创造了灿烂辉煌的农耕文明,"省"字的创造就是远古先民耕作的写照。甲骨文、金文中,"省"由草和眼睛的图形会意而成,如同树木和眼睛会意成"相"表示"观察、审视"一样,"省"的本义也即"察看"。到小篆,字形变得复杂,草和眼睛都失去象形的特点,开始符号化。隶书缘此写作"省"并固定下来,沿用至今。在现代汉语中,"省"是多音字,表示察看、探望、明白等义时读作 xǐng,如"省察、省亲、省悟"等;表示"精简、节约、免除"等义时读作 shěng,如"省笔、省时、省却"等。

【"省"字的演变】

| 甲骨文 | 金文 | 小篆 | 隶书 | 简体字 |

【英语一点通】

"省"（shěng）的英文是 province，指行政区划单位，如"山东省"即 Shandong Province。当"省"指"节省"时，英文是 save，如 save time 就是"节省时间"。与 save 音、形相似的词有 cave（洞穴）、safe（安全的）等。

【寄语小读者】

《论语》中记录了孔子的得意弟子曾子的一段话，大意是：我每天多次反省自己，替人家谋虑是否不够尽心？和朋友交往是否不够诚信？老师传授的学业是不是反复练习实践了呢？这段话是教大家要学会自觉地检查、反省自己，这样才能塑造良好的个人品格，并使自己不断进取，最终在学业、工作上取得成就。

视

"视"也是古人根据"目"字创造的一个会意字。甲骨文中,"视"由"示"和"目"构成。"示"代表天象,整个字的意思是用眼睛看天象变化的过程,于是这个字的意思就是看、观察。到金文,字形演变为左右结构,眼睛之形也变为金文的"见",但整体仍体现着目光聚焦一点的构形。小篆源于金文,却又变化为形从"见"、音从"示"的形声字;隶书缘此写作"视";简化后字形又变为"视"。"视"的本义即审视、细看,后引申为看待、看望、亲临某事等,如"重视、探视、视察"等。另外,"视"与"见"都有"看"的意思,区别在于"视"表示看的动作,而"见"着重看的结果,如成语"视而不见"即看了当没看到,其中"视"与"见"区别就很明显。

【"视"字的演变】

甲骨文	金文	小篆	隶书	简体字
			视	视

【英语一点通】

"视"的英文是 look，意思是"看"。英文单词 look 和 see 都有"看"的含义，但 look 表示"看"的动作，而 see 表示"看见"的结果。比如"He looked but saw nothing."意思就是"他看了看，但什么也没看见。"。其中 saw 是 see 的过去式；nothing 的意思是"没有什么"。

【科普小知识】

1925年，英国人约翰·贝尔德发明了电视机，他被称作"电视之父"。电视机按色彩分为彩色电视机、黑白电视机，按屏幕分为球面彩电、平面直角彩电、超平彩电、纯平彩电，按网络功能分为普通电视机、互联网电视机，按显像管分为普通电子管彩电、液晶显示彩电、离子彩电等。我国第一台黑白电视机诞生于1958年；我国第一台彩色电视机诞生于1970年。

闻

"闻"在"新闻、奇闻"中作名词,指"消息";也可以作动词,表示用鼻子嗅到,或者用耳朵听到,而"用耳朵听到"则是它的本义。甲骨文中,"闻"由两部分组成:右边是一个耳朵的象形,左边是一个跪坐的人以单手护耳的图形,两形会意,指侧耳听到什么。到金文,"闻"的字形变得复杂,右边仍是耳朵的象形,但左边人的图形变为双手护耳的站立姿态,并在人形上增加了一个表示脚的符号"止",中间还多出一点表示脚站立,多形会意,指人听到什么而停下来。到小篆,"闻"字弃旧不用、重新构形,演变为意从"耳"、声从"门"的会意兼形声字,指人隔着门听到了什么。隶书承袭小篆,汉字简化后写作"闻"。

【"闻"字的演变】

甲骨文	金文	小篆	隶书	简体字
𦕇	𦕒	聞	聞	闻

【英语一点通】

"闻"表示"听见"的意思时,英文是 hear。英文中,listen 和 hear 都表示"听",但 listen 是指"听"的动作,而 hear 指"听"的结果。比如"听而不闻"即为 listen but not hear。当"闻"指"用鼻子嗅"时,英文是 smell;当表示"新闻"时则是 news。

【词语聚宝盆】

"闻鸡起舞"典出《晋书》,意思是一听见鸡叫就起床练剑。形容有志报国之士奋发图强,也比喻抓紧时间不懈努力。鸡:鸡鸣报晓。例如:岳飞从小立志报国,他闻鸡起舞、苦练武艺,终于成为尽忠报国的抗金英雄。与"闻鸡起舞"近义的词有"发愤图强、自强不息"等,反义的词有"苟且偷安、自暴自弃"等。

听

请小朋友对比一下"听"和"闻"的甲骨文字形,是不是发现它们都是由耳朵会意而成?但这两个字是有区别的:"听"是指听的状态;而"闻"是指听的结果,即听到。甲骨文的"听",左边是耳朵的象形,右边是一个表示说话的"口",两形会意,指用耳朵接收声音。金文的字形将表示声音的符号移到耳朵内,仍会意为接受声音。到小篆,"听"演变为形声字,虽然结构中保留了"耳",但字形变得复杂;隶书缘此写作"聼",即声从"壬"、意从"耳、德"(即耳有所得)的形声字;汉字简化后写作"听"。在本义基础上,"听"引申为顺从、接受意见,如"言听计从"等;还引申为任凭、放任,如"听之任之"等。

【"听"字的演变】

甲骨文	金文	小篆	隶书	简体字

【英语一点通】

"听"的英文是 listen，一般指"听"的状态，比如"听广播"就是 listen to the radio。小朋友从单词 listen 中还能找到两个单词，一个是 list，意思是"目录、名单"；一个是 ten，意思是"十"。

【科普小知识】

听力保护方法：1. 小朋友听耳机的时间不宜过长，每次不能超过30分钟；耳机声音不宜过大，不能超过60分贝。2. 应该避免各种噪声，因为长期处于噪声环境下，容易导致听力退化。3. 听力受损应及早就医，噪声环境引起的听力损伤应在三周内解决。4. 不能随便用不洁的小木棒、发卡等挖耳止痒，避免损伤耳道深处的鼓膜，引起听力减退。5. 避免耳周高气压的影响，如燃放鞭炮的声音等。

圣

当我们崇拜、敬仰某个事物时，会尊其为"圣"，表示最崇高之义，如"神圣的祖国"；而当我们称学问、技术有特高成就的人时，也会尊其为"圣"，表示该人精通某种技艺，如"棋圣"等。"圣"的概念很抽象，古人在造该字时，只能依据象形字会意而成。甲骨文、金文的"圣"由两部分组成：右边是一个人形加上耳朵的图形，表示人用耳倾听，左边是一个口形，表示清楚地说出来，两形会意，即指人既善于倾听又能清楚表达。也就是说，"圣"的本义即通达事理。到小篆，字形中增加了一个表声的"壬"，至此，"圣"便演变为会意兼形声字；隶书缘此写作"聖"；汉字简化后，字形才确定为现在常用的"圣"。

【"圣"字的演变】

甲骨文	金文	小篆	隶书	简体字

【英语一点通】

"圣"表示"神圣的"意思时，英文是 sacred，比如"神圣的使命"就是 sacred mission（使命、任务）。当"圣"表示"圣人"时，英文是 sage，比如"诗圣"的英文说法就是 Sage of Poetry，其中 poetry 即"诗歌"，它由 poet（诗人）变化而来。

【词语聚宝盆】

"圣人"指德高望重、有大智慧、已达到人类最高、最完美境界的人，有时也专指孔子。"圣贤"是圣人与贤人的合称，也指品德高尚、有超凡才智的人。"圣哲"则是圣人与哲人的合称，也指具有超凡品德、才智的人。"圣雄"指由于品格高尚、富有智慧和无私精神而受人尊敬的人。"圣者"是比一般人更为慈善、耐心，更有自我克制力或德行的人。"圣手"则指技艺高超的人。

小朋友观察汉字"言",它的字形中有一个"口",说明"言"是与"口"字有关的。但如果我们追根溯源,"言"却是古人在"舌"字的基础上创造的一个指事字。甲骨文、金文的"言",是在"舌"的甲骨文字形上加上一短横用于指事,表示唾沫星子出于口舌;又在"舌"的字形中间加上相对的短斜横,表示舌头的摇动。整个字形就表示人在说话。到小篆,字形变得复杂,为了表示语音,又在金文的字形上添上了一短横进行指事。隶书缘此写作"言",字形规整,但已完全符号化。"言"在本义说话的基础上,引申为说的话,如"发言、名言"等;还可以简化为"讠"作偏旁,组成"谈、讽、说"等字,表示与说话有关。

【"言"字的演变】

甲骨文	金文	小篆	隶书	简体字

【英语一点通】

"言"表示"说话"时，英文可以用 say、talk、speak 以及 tell 四个单词来表达。但 say 强调说话内容，talk 指双方谈话，speak 强调说话的动作，而 tell 着重告诉之义。比如：在会上发言（speak）之后，他跟学生们进行了交谈（talk），并告诉（tell）他们，他讲的（say）话很重要。

【科普小知识】

五言诗是我国古代一种全篇由五字句构成的诗歌体裁，它由四言诗发展而来。作为一种独立的诗体，五言诗约起源于西汉，在东汉末年趋于成熟。由于五言诗适应了汉代社会生活的需要，能够容纳更多词汇，从而更加灵活细致地抒情和叙事，因此它逐步取代四言诗，成为古典诗歌的主要形式之一。《古诗十九首》是五言诗的典范，历来有"五言之冠冕""千古五言之祖"的美誉。

名

我们每个人都有姓名，姓名是代表一个人，并区别于其他人的一种称号。但一般来说，姓名是让他人称呼的，只有在特殊情况下，我们才会自报姓名。古人创造的抽象概念"名"字描绘的就是一个自报姓名的情况。甲骨文的"名"为左右结构，左为口的象形，右为表示傍晚的指事字"夕"，两形会意，指因天黑无法看清楚对方，需要彼此互报姓名，也即"名"的本义指自报姓名。从金文起，甲骨文的字形结构有所调整，变为上"夕"下"口"。到隶书，规整为"名"，之后一直沿用。现在，"名"可以作动词，表示说出、占有等，如"莫名其妙、不名一文"；也可以作名词、形容词，表示名声、名誉、著名的、名贵的等。

【"名"字的演变】

甲骨文	金文	小篆	隶书	简体字
𠮛	名	名	名	名

【英语一点通】

"名"的英文是 name。但是，英文中"名""姓"有别："名"是 first name 或 given name，"姓"是 last name、family name 或 surname。小朋友知道吗？英语国家中的姓和名的顺序和我们相反，名在姓之前。比如 George Bush（乔治·布什）中 George 是名，Bush 是姓。

【科普小知识】

《百家姓》是一本关于中文姓氏的书，成书于北宋初。原收集姓氏411个，后增补到504个，其中单姓444个，复姓60个。据说这只是见之于文献的、5600多个中国姓氏中很少的一部分。《百家姓》的次序不是依据各姓氏人口实际排列。"赵钱孙李"是排在其前四位的姓。《百家姓》与《三字经》《千字文》并称"三百千"，是中国古代幼儿的启蒙读物。

甘

小朋友喜欢吃巧克力吧？那甜美的感觉是不是很爽口呢？我们的祖先也有自己喜欢吃的食物，甚至有时会把可口的东西含在嘴里久久品味。甲骨文的"甘"描画的就是古人嘴里含有甘美之物的样子：它是在"口"中加上了一横，表示口中含有食物；因为能含在口中的食物往往是甜美的，所以"甘"又会意为味美。到隶书，为与"曰"字区别，字形上边的一横向两边伸出，写作"甘"，之后便固定下来。字体演变中"甘"的字义得到扩展，可以用来表示美好，如"甘霖"等；也可以表示自愿、乐意，如"甘愿"等；还可以用作名词，表示甜味，如"甘苦"等。小朋友，甜甜的巧克力好吃，但多吃对牙齿不好，要注意哟！

【"甘"字的演变】

甲骨文　　金文　　小篆　　隶书　　简体字

【英语一点通】

"甘"的英文是 sweet，意思是"甜的"。比如"甘泉"就是 sweet spring water，其中 spring 的意思是"泉"，water 即"水"，三个单词合起来就表示"甜甜的泉水"。和 sweet 字形相似的词有 sweat（汗水），另外，spring 还有一个意思是"春天"，小朋友要注意区分哟！

【小朋友听故事】

姬职史称燕昭王，他继位之初，为富民强国，请郭隗出主意。郭隗说："如果您先重用我这个本领平平的人，天下本领高强的人就会受到鼓励，肯定会不顾路途遥远，前来投奔。"燕昭王采纳了郭隗的建议，并立刻尊他为师，给予丰厚待遇。果然，有才能的人闻讯后都纷纷前来投奔。燕昭王对他们委以重任，并与百姓齐心协力、甘苦与共，终于使燕国走上国富民强的道路。

害

小朋友知道吗？"害"与"言"一样，虽然字形中有一个"口"，但其本义却与"舌"有关。金文中，"害"字由口加上舌头的象形，以及在舌上增添一横会意而成，表示舌头被割掉，也就是伤害、损害的意思。小篆的字形改变了舌头的轮廓，也丧失了象形的意味。隶书缘此写作"害"，更是在字形中找不到舌头的半点影子。现代汉语中的"害"不仅表示伤害、损害，也表示谋杀、谋害，如"被害"；还用来指怕羞，如"害羞、害臊"。作为名词，"害"可以指灾害、祸害；还可以指人体的重要部位，即"要害"；它也被引申指有害的东西，如"害虫"等。

【"害"字的演变】

金文	小篆	隶书	简体字
害	害	害	害

【英语一点通】

"害"表示"伤害、损害"时，英文是 harm。比如 do people great harm 就是指"害人不浅"。其中 do 指"做"；people 指"人们"；great 指"大的"。当"害"表示"谋杀、谋害"时，英文是 murder。比如"他被谋杀了。"的英文就是"He was murdered."。

【词语聚宝盆】

"害群之马"语出《庄子》，意思是危害马群的坏马。该成语用作贬义，比喻危害集体的人。例如：你如果一意孤行，仍不改嗜赌陋习，就会成为害群之马，对此，我们决不会坐视不管、一味姑息。与"害群之马"近义的词有"城狐社鼠、残渣余孽"，反义的词有"仁人志士、谦谦君子"等。

小朋友,如果在学习的时候,周围有很多人在七嘴八舌地大声说话,你是不是会觉得他们特别吵闹?远古时代,我们的祖先也常会遇到你这种情形,并因此造出了"嚣"字。金文的"嚣"由一个人头的象形和四个口的图形会意而成,表示众口喧闹、人声嘈杂,也即"嚣"的本义就是指喧哗。小篆的字形变得工整美观;隶书缘此将字形进一步符号化,人头的象形演变为汉字"頁";汉字简化后,整个字便写成"嚣"。"嚣"一般指喧哗、吵闹,如"喧嚣";也常用来比喻人的放肆、猖狂,如"嚣张"等。在公共场合喧嚣吵闹会影响他人、让人反感,所以小朋友要学会举止得体,因为我们只有为别人着想,才会得到别人的尊重。

【"嚣"字的演变】

金文　　小篆　　隶书　　简体字

【英语一点通】

"嚣"表示"喧哗、吵闹"时，英文有两种说法：一是动词 clamour，比如 clamour for 就是指"呼吁"，clamour against 即指"大声疾呼反对"，而 clamour down 则是指"吵得使（演讲者等）说不下去"；二是名词 hubbub，指"吵闹声、喧哗"。

【词语聚宝盆】

"甚嚣尘上"意思是人声喧嚷，尘土飞扬。原形容军营中正忙于准备的状态；后形容消息普遍流传，众口宣扬、议论纷纷。现多用于贬义，指错误或反动言论非常嚣张。甚：很；嚣：喧闹。与"甚嚣尘上"近义的词有"满城风雨"，反义的词有"风平浪静"等。

欠

"口"作为偏旁，可以构成很多字义与嘴巴有关的字。也有一些字，意思与嘴巴有关，但其字形中却没有出现"口"的偏旁，"欠"就是一例。"欠"的本义指打哈欠，古人只用一个简单的图形就表达出来这个字义。甲骨文中，"欠"是一个象形字，描画的就是一个人张口打哈欠的样子。从金文起，"欠"的字形变得简约，但仍能看出人打哈欠的痕迹。到小篆，便已没有了象形的意味。隶书时，"欠"字完全符号化，字形也得到最终确定。由打哈欠的本义，"欠"被引申指身体稍微向上移动，如"欠身"等；还引申为欠缺、不够，如"欠账、欠佳"等。另外，"欠"可以作偏旁，构成如"饮、歌、吹"等动作与张口有关的字。

【"欠"字的演变】

甲骨文	金文	小篆	隶书	简体字
			欠	欠

【英语一点通】

"欠"的一个意思是"困倦时张口出气",英文是 yawn,意思是"哈欠、打哈欠"。当"欠"表示"欠账"时,英文是 owe,如"You owe me $10."意思是"你欠我10美元。"。与 yawn 音、形相似的词有 dawn(黎明)。与 owe 音、形相似的词有 own(自己的)。小朋友可以用"He yawned at dawn.(他在黎明打了个哈欠。)"来记 dawn 和 yawn。

【小朋友猜谜语】

石头沿上只能砍,拉来土堆填平坎。
加火成炊张口吹,欧洲边上转一圈。

（打一字）

（谜底：欠）

吹

小朋友玩过吹泡泡吧？你要合拢嘴唇用力呼气才能将泡泡吹起。你知道吗？你吹泡泡的样子就是"吹"的最初字形所描画的图形。甲骨文、金文中，"吹"由一个张开嘴巴的人和一团空气或是一个器物组成，两形会意，表示用力向外吹气。到小篆，字形开始符号化。隶书时，表示空气或者器物的图形变为"口"，而因张嘴吹气与打哈欠的图形一致，于是用力向外吹气的甲骨文字形最终演变为左为口、右为欠的"吹"。从这个演变过程看，"吹"其实是在"欠"字的基础上衍生而来，与"口"的含义并没有多大关系。现在，我们通常说"吹气、吹号、吹火"等用的大都是"吹"的本义；而"吹嘘、告吹"等则是其引申含义。

【"吹"字的演变】

甲骨文	金文	小篆	隶书	简体字
𠱃	吹	吹	吹	吹

【英语一点通】

"吹"的英文是 blow，比如"吹火"的英文就是 blow a fire（火）。与 blow 音、形相似的单词有 flow（流动）、glow（光亮）、slow（慢的）等。小朋友可以用"I blew slowly, and the glow began to flow.（我慢慢地吹了一口气，光竟然流动起来。）"来联想记忆 slow、blow、glow 及 flow。

【小朋友学儿歌】

风儿吹 风儿摇

风儿吹，风儿摇，吹吹摇摇好热闹。

吹得云儿朵朵开，摇得草儿笑弯腰。

吹得桃李满头花，摇得杨柳抽枝条。

吹得河面起波浪，摇得船在水中漂。

涎

"涎"是一个很奇怪的字，它本来是从"欠"字衍生而来的，但在字体演变中却丢失了"欠"的字形，成了一个形从"水"、声从"延"的形声字。甲骨文的"涎"，右边是一个人张大嘴巴，也就是"欠"的字形，左边是表示口水的点，两形会意，指从大张的嘴巴里流出来的唾沫。到小篆，字形调整为左为"水"、右为"欠"，并有了符号化的趋势。到隶书，"欠"的字形为"延"所替代，于是重新造出一个形声字"涎"。"涎"的本义为口水、唾液，后也用作动词，指流口水；又引申为贪美、贪图之义，如"涎利"即贪图利益；有时也指厚着脸皮、嬉皮笑脸，如"涎皮赖脸"就是形容厚着脸皮缠磨人，使人讨厌的样子。

【"涎"字的演变】

| 甲骨文 | 金文 | 小篆 | 隶书 | 简体字 |

【英语一点通】

"涎"的英文是 saliva，指"口水"。比如"流涎"即 run saliva。与 run(流)音、形相似的单词有 bun(小圆面包)、fun(有趣的)、gun(枪)、sun(太阳)等。

【词语聚宝盆】

"垂涎欲滴"意思是馋得连口水都要滴下来了，形容十分贪婪的样子，也形容非常眼红。涎：口水。例如：在我这样的一个穷小子看来，确觉得这是一个不小的数目，而且老实说，确也有些垂涎欲滴！与"垂涎欲滴"近义的词有"馋涎欲滴、垂涎三尺、口角流涎"，反义的词有"淡泊寡味"等。

曰

请小朋友仔细观察,我们现在要读的字是"曰",意思是"说",而不是表示太阳的那个字"日"。它们看起来相似,但意义相差却很大。甲骨文的"曰",下半部分是一个口的象形,上半部分是一短横,组成了一个指事字,表示话语由嘴里说出。也即,"曰"的本来含义就是"说、说道"。金文、小篆的字形源于甲骨文,变化不大。但隶书时,为了书写便利,字形规整为上半部分被封了起来的"曰"。"曰"虽然表示"说",但在现代汉语及口语中很少被使用,它只是在古文中才很常见。如《论语》中通篇都有"子曰"的词句。另外,"曰"也引申为"叫作",如"五行:一曰水、二曰火、三曰木、四曰金、五曰土"等。

【"曰"字的演变】

| 甲骨文 | 金文 | 小篆 | 隶书 | 简体字 |

【英语一点通】

"曰"的英文是 say，意思是"说"。比如《论语》中经常出现的"子曰"就是 Confucius said。其中 Confucius 的意思是"孔子"，said 是 say 的过去式。当"曰"表示"叫作"时，英文是 call，如 call a baby after its father，意即"用父亲的名字给婴儿取名字"。

【小朋友猜谜语】

淘气抽掉田中杆，斜插头上颜色变。
要问我是哪一个，力大太阳被压扁。

（打一字）

（谜底：曰）

唐

小朋友知道，"唐朝"是我国历史上的一个鼎盛时代，是"富强、辉煌"的代名词，但是你肯定想不到，"唐"字的最初含义却是指吹牛、说大话。甲骨文中，"唐"字分上下两部分：上面是一个上古时代簸箕的象形，图形中的"丫"表示扇动簸箕，下面是一个口的图形。两形会意，指人说话像簸箕簸糠一样口出狂言、漫无边际，也即吹牛、说大话。到金文，簸箕之形稍有变化。小篆缘此而来，但将簸箕之形的一部分变为两只手。隶书后，左边的手形简省为一撇，整个字形规整为"唐"，并被一直沿用。"唐"有夸大、虚夸之义，如"荒唐"等。

【"唐"字的演变】

甲骨文　　金文　　小篆　　隶书　　简体字

【英语一点通】

"唐"表示"夸大、虚夸"时，英文是 boast，比如"He is just boasting."即指"他只是在吹嘘罢了。"。但是当"唐"表示"荒唐"之义时，英文是 absurd，比如"预言明天太阳将不会升起是荒唐可笑的。"，翻译成英文就是"It is ridiculously absurd to predict that the sun would not rise tomorrow."。

【可爱的祖国】

唐朝是世界公认的中国最强盛的时代之一，618年，由李渊建立，定都长安。690年，女皇武则天改国号"唐"为"周"，迁都洛阳，史称武周。705年，唐中宗李显恢复大唐国号，还都长安。755年，安史之乱后唐朝日渐衰落，至907年梁王朱温篡位灭唐。唐朝历经23位皇帝（含武则天），共290年。唐朝在文化、政治、经济、外交等方面都有辉煌的成就，是当时世界上最强大的国家。

友

我们每个人都需要有朋友,好的朋友是人生的向导,在困难之际还会向我们伸出援助之手。古人在创造朋友的"友"字时,就在字形中加入了出手相助才是朋友的思想。甲骨文的"友"字由朝同一方向并列的两只手的简省图形会意而成,即"友"的本义指以手相助的朋友。金文、小篆承袭甲骨文,字形变化不大。到隶书,字形变得紧凑,并最终符号化为"友",之后未再发生变化。"友"在本义基础上,还引申指与他人关系亲近、和睦,如"友邻、友邦"等;还用来指一同玩耍的同伴或在同一所学校、班级等团体的成员,如"棋友、校友"等。"友"也能作动词,如"友仁、友直"即指与仁爱、正直的人交朋友等。

【"友"字的演变】

甲骨文	金文	小篆	隶书	简体字
𦥑	𠂇	𠬪	友	友

【英语一点通】

"友"的英文是 friend,指"朋友、友人"。比如"良师益友"就是 good teacher and helpful friend。英文中,friend 是名词,在它的后面加-ly 就构成形容词,即 friendly,表示"友好的";friend 后面加上-less 也可以构成形容词,但表示的是相反的字义,即 friendless,意即"没有朋友的,不合群的,孤单的"。

【可爱的祖国】

"四友"在中国传统文化中有着不同的文化内涵:一种是指周文王的四个亲信大臣即南宫括、散宜生、闳夭和太颠;一种是指孔子的四个学生即颜渊、子贡、子张和子路。"四友"还被用来称四位相知的朋友,如初唐时期的崔融、李峤、苏味道和杜审言就被称为"文章四友"。"四友"也借指文房四宝,即笔、墨、纸、砚。

共

"共"的最初字形与"友"一样,也是由两只手会意而成,不同之处在于两只手摆放的方向。"共"的甲骨文是两只手捧着一个方形的物品,表示双手参与、一起来做,有"共同"的意思。到金文,字形中增加了一个表示物品的口形符号,会意为将自己的东西双手捧出送给他人,也即供给、供奉之义。到小篆,字形中的口形符号发生变化,隶书缘此将字形规整并固定为"共"。"共"的本义有两个:一是供奉,二是共同。供奉之义后来由另造的"供"字来承担;而共同之义却沿用至今,如"共享、共事"等。另外,"共"字还引申为总共、总计等义,如"共计、一共"等。

【"共"字的演变】

甲骨文　　金文　　小篆　　隶书　　简体字

【英语一点通】

"共"的英文是 share，表示"共同具有或承受"之义。比如"同甘苦，共患难"的英文即 share joys and sorrows，其中 joy 和 sorrow 互为反义词，joy 的意思是"高兴"，而 sorrow 则指"悲伤"。

【词语聚宝盆】

"同甘共苦"意思是共同享受幸福，共同承担苦难，比喻同欢乐、共患难。甘：甜；苦：苦难。例如：抗日战争中，各族人民团结一致、同甘共苦，终于打败了日本侵略者，取得了最后的胜利。与"同甘共苦"近义的词有"有福同享、有难同当"，反义的词有"同床异梦"。另外，"同甘共苦"和"患难与共"都有共患难之义。但前者不仅指"共苦"，还指"同甘"，而后者仅指"共患难"。

又

手是人们进行劳作的重要身体器官,古人在造字时从自身取象,依据双手不仅造出了表达整体概念的"手"字,还分别造出表达左手、右手具体概念的字。"又"的本义即为右手。甲骨文的"又"是一只右手的简化图形,其表达的右手的概念非常直观。金文、小篆的字形与甲骨文差别不大。隶书写作"又",字形已完全符号化。在字体演变中,"又"指代"右手"的本义逐渐消亡,而其词性也由名词演变为副词,如在"又惊又喜、又哭又笑"等词中表示几种情况或性质同时存在;在"路很近,车子又快"中表示意思上更进一层;在"一年又一年"中表示一连串事情接连出现;在"读了又读"中表示重复含义,即"再、再一次"等。

【"又"字的演变】

| 甲骨文 | 金文 | 小篆 | 隶书 | 简体字 |

【英语一点通】

"又"的英文是 again,是一个副词,表示"再、又、再一次"。如果两个 again 连用,即 again and again,意思则为"再三地、反复地"。比如"读了又读"的英文就是 read again and again。但是,单词 after(在……以后)有时也可以表示"又"的意思,如 year after year 即指"一年又一年"。

【小朋友背诗词】

泊船瓜洲

[宋] 王安石

京口瓜洲一水间,钟山只隔数重山。
春风又绿江南岸,明月何时照我还?

(**注释** 泊:停船靠岸。瓜洲:今扬州市南面。京口:今江苏镇江市。钟山:今南京紫金山。数重:几层。绿:吹绿了。还:这里指回到紫金山下家里。)

爪

"爪"也是一个借助手形来表意的象形字。甲骨文的"爪"描画的是一只手心向下伸出的手的图形,表示用手抓取之义。到金文,手形的指端多出了弯曲之形,强调抓取东西时手指的合拢。小篆摒弃金文而远承甲骨文,字形变得工整而美观。隶书缘此写作"爪"。在演变中,"爪"用来表示用手抓取的本义逐渐为另造的"抓"字所替代,它的常用义则变为名词,用来指人的手或鸟兽的脚趾,如"手爪、鹰爪、猫爪"等。另外,"爪"也可以比喻像爪的东西,如"这个锅有三个爪"。而当"爪"组成词"爪牙"时,一方面指动物的尖爪和利牙,另一方面则用来比喻坏人的党羽和帮凶,也就是口语中所说的"狗腿子"等。

【"爪"字的演变】

甲骨文	金文	小篆	隶书	简体字
爫	爫	爪	爪	爪

【英语一点通】

"爪"的英文是 claw，指鸟兽的爪子。如"利爪"即 sharp claw，而"蟹爪"则是 crab claw。其中 sharp 指"锋利的"，而 crab 指"螃蟹"。另外，paw 也可以表示"爪、爪子"。如 a cat's paw 即指"猫爪子"，同时这个词组也指"被人利用的人"。

【小朋友学儿歌】

螃蟹歌

一只螃蟹脚八个，两头尖尖好大个。
两把钳子手里拿，夹着谁都甩不脱。
不会直走横着爬，身上背着大硬壳。
眼一挤呀肩一缩，爬呀爬呀过沙河。

足

小朋友应该注意到了,现代汉语中的很多词在古汉语里都有不同的甚至差别很大的含义。比如有关"脚"的词:在秦汉以前,"足"和"趾"用来指脚,而"脚"则表示小腿;自魏晋以后,"足""趾"和"脚"都可以用来指脚,但在书面语中,脚却多用"足"来表示。甲骨文中,"足"是一个人脚的象形,小腿、脚掌、脚趾齐全。到金文,小腿由一个圈代替,下面的"止"形符号则表示脚,而两个图形合起来仍指整只脚。小篆依金文而来,隶书一脉相承,并固定字形为"足"。"足"除本义外,还引申为"充足、值得"等义,如"富足、微不足道"等;它还可以作偏旁,构成与脚及其动作有关的字,如"跟、踩、跌、跤"等。

【"足"字的演变】

| 甲骨文 | 金文 | 小篆 | 隶书 | 简体字 |

【英语一点通】

"足"表示"脚"时，英文是 foot，如"赤足"即 barefoot，其中 bare 意为"赤裸的、光秃的"。当"足"表示"充足、足够"的意思时，英文是 enough，如"Ten dollars is enough."即"10 美元就足够了。"。

【词语聚宝盆】

"足智多谋"意思是富有智慧，善于谋划，形容人善于料事和用计。足：充实、足够；智：聪明、智慧；谋：计谋。例如：诸葛亮是三国时期一位足智多谋的军师。与"足智多谋"近义的词有"智谋过人、大智若愚、诡计多端"等，反义的词有"愚昧无知、愚不可及、束手无策"等。

止

前面已经提到,"趾"在古汉语中是"脚"的意思。但是,"趾"的最初字形是"止"。也就是说,我们现在常用的表示站住、停留、禁止等含义的"止",其本义指"脚"。甲骨文中,"止"就是一个上面像脚指头、下面像脚面和脚掌的人脚的象形。金文、小篆承袭甲骨文,字形渐趋符号化,隶书缘此写作"止",并沿用至今。在字体演变中,"止"引申出了更多字义。为了清楚地区别其本义,古人依据"止"又另造一个字"趾"来指"脚",而"止"便专用于其各种引申义。但是,"止"在某些情况下仍保留着其本义"脚"的痕迹,比如,凡是字形中有"止"的字,其字义大都与脚及其行为有关,像"歧、涉、步、足"等。

【"止"字的演变】

| 甲骨文 | 金文 | 小篆 | 隶书 | 简体字 |

【英语一点通】

"止"的英文是 stop，意思是"停止、中止"。比如，妈妈在你吃零食时会说"Stop eating, please."，意思就是"请别再吃了"。另外，如果小朋友想表示"雨停了。"，就可以说"The rain stopped."。有时，"止"也能表示"仅仅、只"等意思，英文即 just，比如"不止一次"的英文就是 not just once。

【词语聚宝盆】

"高山仰止，景行行止"出自《诗经·小雅》。意思是抬头要仰望高山，走路要走大路。高山：喻高尚的品德；景行：大路，比喻行为正大光明；止：通"之"。该成语以高山和大路比喻人的道德之美，即有德之人如山高、路阔一样受人仰慕，常用来比喻值得效法的崇高德行。也可简称为"高山景行"。

步

老师常常会表扬小朋友："学习进步很快！"在这句话里，"进步"的意思就是向前发展、比以前更好，而这个意思也是由"步"字引申出来的比喻义。"步"现在常指脚步、步伐，但其本义却是动词，指行走、走路，特指慢慢地走。甲骨文中，"步"字描画的是两只脚一前一后交替走路的样子，即表示行走。金文更加形象，"步"字直接就是两只脚的图形。到小篆，脚的图形由两个表示脚的符号"止"代替，字形开始走向符号化，隶书缘此写作"步"，并将字形固定下来。在古代，一步指两脚各跨一次，即一只脚跨一次只能算半步，古人称半步为"跬"。但是，在现代汉语中，一步却是指行走时两脚之间的距离，也就是古人所说的半步。

【"步"字的演变】

甲骨文	金文	小篆	隶书	简体字
𣥂	𣥂	步	步	步

【英语一点通】

"步"的英文有 pace，意思是"一步、步幅"。例如"快步走"的英文就是 walk at a quick pace，其中 walk 指"步行"，quick 的意思是"快的"。"步"还可以用 step 来表示，指"脚步"。比如"邮局离这儿只有几步路。"，英文即"The post office is only a few steps away."。

【小朋友听故事】

相传，雪山下住着一位名叫提婆延的仙人，一只母鹿在他经常小便的岩石上舔过后，便怀了孕并为他生下一个女儿，人称鹿女。鹿女被提婆延抚养长大后，她所经之处均生莲花。国王乌提延因此将她纳为王妃。后来，鹿女一胎生了五百个儿子，个个都端正清秀。国王欣喜万分，立即封鹿女为第二夫人，鹿女遂被称作莲花夫人。这个故事中蕴含一个成语——"步步莲花"，该成语用来比喻经历的辉煌。

之

现代汉语中,"之"一般用作虚词,可以译作"……的",如"缓兵之计、赤子之心"等;也可以代替人或物,译作"他、它"等,如"置之度外、等闲视之"等;还可以用作形容词,表示具有字母S的形状的,即"之"字形,如"之字路"等;另外也可以虚用而无所指,如"久而久之"等。但"之"在其创造之初却是动词,并且和"脚"相关。甲骨文的"之",是将一只脚放在表示出发点的横线上的图形,会意为从这里出发,即"之"的本义指到某处去。古汉语中多用"之"来表示"到、往、到……去"等含义。金文和小篆承袭甲骨文,但字形渐失象形意味。隶书则完全符号化,将字形规整为"之",并一直沿用下来。

【"之"字的演变】

甲骨文　　金文　　小篆　　隶书　　简体字

【英语一点通】

"之"表示"到、往、到……去"等含义时,可以用 go 表示,如"不知所之。"英文即"Don't know where he went."。其中 went 是 go 的过去式。

【词语聚宝盆】

"之乎者也"是古代汉语中常用的四个文言助词。原指浅近的字眼或文章,现多用作贬义,指用文言字眼作文说话,或讽刺人说话喜欢咬文嚼字,不讲实际。例如:他对人说话总是满口之乎者也,让人半懂不懂的。与"之乎者也"近义的词有"焉哉乎也、咬文嚼字"等。

父

父亲的爱伟大而无私,同时又深沉而宽广。从古至今,大多数父亲都相信,子女只有严加管教才会在长大后有所成就,所以父亲给子女的印象多是严厉的。古人所造的"父"字,其最初字形就表现了父亲的严厉形象。甲骨文的"父"是一个右手持棒的图形,指事手里举着棍棒教子女守规矩的人是家长,即父亲。也就是说,"父"的本义即指父亲。金文、小篆的字形变化不大。隶书为了字形工整匀称,写作"父",已完全失去原有的指事特点。"父"除了用来称呼自己的父亲外,还可以作为对与父亲同辈的男性亲属的称呼,如"伯父、舅父"等;也能作为对某一种大事业的创始者的尊称,如"氢弹之父"等。

【"父"字的演变】

甲骨文	金文	小篆	隶书	简体字
𠂇	𠂇	𠂇	父	父

【英语一点通】

"父"的英文是 father。英文中有句谚语"Like father, like son.",意思就是"有其父,必有其子。"。如果给 father 加上一个单词 grand(大的),即 grandfather,则表示"(外)祖父"。如果 father 和 foster(收养的)连用,即 foster father,则指"养父"。

【科普小知识】

现代戏剧之父——[挪]易卜生;

圆舞曲之父——[奥]约翰·施特劳斯;

交响乐之父——[奥]海顿;

现代艺术之父——[法]保罗·塞尚;

科幻小说之父——[法]儒勒·凡尔纳;

飞机之父——[美]莱特兄弟;

杂交水稻之父——[中]袁隆平。

母

世界上每一位母亲都是伟大、无私的，我们靠着吮吸她们融入母爱的乳汁才逐渐长大。古人深念母亲的哺育之恩，在创造"母"字时，就怀着崇敬的心情，突出了母亲用以喂养孩子的乳房。甲骨文的"母"是个象形字，描画的是一个两臂交叉、跪坐着的人形，字形中间的两点表示乳房。到金文，字形的上面多了一横，表示绾起发髻的簪子，整个字形合起来看，就像两手放在胸前、胸部袒露、乳房突出的处于哺乳期的母亲形象，也就是说，"母"的本义即母亲。到小篆，字形趋于符号化，隶书最终规整字形为"母"，已很难让人看出其中的象形意味。除本义指母亲外，"母"字还被引申为女性长辈、雌性、本源、根源等。

【"母"字的演变】

| 甲骨文 | 金文 | 小篆 | 隶书 | 简体字 |

【英语一点通】

"母"的英文是 mother，即指"母亲"。我们常说的"失败乃成功之母。"英文就是"Failure is the mother of success."。其中 failure 和 success 是反义词，failure 指"失败"，而 success 的意思是"成功"。另外，mother 加上 grand，即 grandmother，便表示"(外)祖母"。

【科普小知识】

人类氏族社会的早、中期为母系氏族，即建立在母系血缘关系上的社会组织。母系氏族实行原始共产制与平均分配劳动产品。早期母系氏族就有自己的语言、名称。同一氏族有共同的血缘，崇拜共同的祖先。氏族成员生前共同生活，死后葬于共同的氏族墓地。随着原始农业及家畜饲养的出现，作为其发明者的妇女在生产和经济生活中、在社会上受到尊敬，取得主导地位和支配地位。

男

在过去的传统观念中,与女人主要操持家务的分工不同,男人的职责是要承担农田耕作的劳动。因此,古人根据男人在家庭中的分工而创造出了"男"字。甲骨文、金文中,"男"由一个"田"和一个手臂及手的简省图形会意而成,表示以强健的臂力进行农田耕作;又因为男人是一个家庭中的主要劳动力,所以"男"的本义即指男人,与"女"相对。小篆的字形趋于抽象,并演变为上下结构,隶书缘此写作"男",与甲骨文字形已相去甚远。演变中,"男"又引申为男性的,如"男学生";还引申指儿子,如"长男"等。另外,"男"还是古代封建社会给有功将士所授封的五等爵位,即"公、侯、伯、子、男"中的最后一等。

【"男"字的演变】

甲骨文	金文	小篆	隶书	简体字

【英语一点通】

"男"的英文是 man。比如说"He is a boring man."意为"他是一个乏味的男人。"。其中 boring 的意思是"令人厌烦的、乏味的"。单词 male 也指"男人、男性的",如 male nurse 即指"男护士",an attractive male 即指"一个有吸引力的男人"。

【小朋友猜谜语】

田有地有天没有,土有木有水没有;
古有南有北没有,老有男有女没有。

（打一字）

（谜底：十）

女

从甲骨文到小篆,"女"的字形只比"母"字少了两点,其他结构则几乎完全一致。甲骨文中,"女"字描画的是一个上身直立、跪坐的人形,其双手交叉放于胸前的矜持之态表明了她的性别,也即"女"特指女性、女人。金文的字形比甲骨文多出表示发簪之类头饰的横线,则更加明确地表示"女"即成年女性。小篆承袭金文,但字形变得抽象。到隶书,写作"女",字形则完全符号化。"女"与"男"相对,在古代专指未婚女性,而已婚女性则称为"妇"。在演变中,"女"还引申指女儿;也可以表示雌性,如"女猫"即指母猫等。另外,"女"还可以作偏旁,组成字义与女性有关的字如"娇、媚"等。

【"女"字的演变】

| 甲骨文 | 金文 | 小篆 | 隶书 | 简体字 |

【英语一点通】

"女"的英文有 woman，指"成年女子、妇女"；还有 girl，指"女孩、少女"。如"The little girl has grown up into a pretty woman."意为"小女孩已长成一个漂亮的女子。"。另外，单词 female 也可以指"女人、女性的"，如 a female teacher 即指"一位女教师"。

【小朋友背诗词】

石头城

[唐] 刘禹锡

山围故国周遭在，潮打空城寂寞回。
淮水东边旧时月，夜深还过女墙来。

（**注释** 石头城：在今南京西清凉山，三国时孙吴就用石壁筑城戍守，称石头城，后人也每以石头城指建业。故国：旧都，石头城在六朝时代一直是国都。周遭：环绕。旧时：此处指汉魏六朝时。女墙：石头城上的矮城。）

妻

小朋友听说过吗？在古代，女子嫁人还是未嫁人从头上就可以看出来。未出嫁时她们梳辫子，临出嫁时才把头发拢上去结成发髻，叫作"上头"，表示自己将改变社会角色和身份，要出嫁成为别人的妻子。古人所造的"妻"字就描画了女子"上头"的情景。甲骨文中，"妻"是左右结构：左边为一跪坐的女子形象，字形上的三条曲线突出强调将要改变发式的长发；右边为一手形。两形会意，表示女子将头发绾成发髻，意即女子嫁人成为男性的配偶。金文、小篆的"妻"，手形插入到女子的长发中，字形变得紧凑。隶书缘此最终将字形固定为"妻"。在演变中，"妻"的字义也明确为男人明媒正娶的配偶。

【"妻"字的演变】

qī zì de yǎn biàn

甲骨文	金文	小篆	隶书	简体字

妻　妻　妻

【英语一点通】

"妻"的英文是 wife。与 wife 相对的单词是 husband,即指"丈夫"。与 wife 音、形接近的单词有 wine(酒)、wipe(擦)、wire(电线)、wise(聪明的)等。

【小朋友听故事】

东汉时有个叫乐羊子的人,在外求学不久就因想念家人而回到家中。妻子问明缘故,就拿起刀快步走到织布机前说道:"这些正在织着的布匹从蚕茧到织机,都是经一根根丝积累,才由寸到丈最后成匹的。现在如果割断它们,就会前功尽弃。您要积累学问,就应当日有所学;如果中途返回,那同割断这布匹有何不同?"乐羊子被妻子的话所感动,立即返回研修学业,后来竟有七年没有回家。

妇

在男耕女织的传统农业社会,妇女一般在家操持家务。因此,古人选取了一个具有代表性的家务劳动的情景,创造出了"妇"字。甲骨文、金文中,"妇"的左边是一把扫帚的象形,右边是一个双手交叉的跪坐的女性形象,两形会意,表示一个女人手拿扫帚打扫卫生,借指"妇"的本义为已婚女性。小篆的字形调整了结构,并趋于符号化,隶书缘此写作"婦",汉字简化后又演变为"妇"。"妇"在现代汉语中为"妇女"的简称,如"妇联"。但在古代,"妇"专称已婚女子,它与表示一般意义的女性的"女"字不能混用。另外,"妇"还引申为妻子,如"夫妇"即指夫妻。

【"妇"字的演变】

甲骨文	金文	小篆	隶书	简体字

【英语一点通】

"妇"指"妇女"时,英文是 woman,如"妇孺"即为 women and children,也就是"妇女和孩子"的意思。当"妇"表示已婚女子,特别指"妻子"时,英文是 wife,如"夫妇"即为 husband and wife。小朋友还要注意,woman 的复数形式属不规则变化,应该为 women。

【科普小知识】

国际妇女节又称"联合国妇女权益和国际和平日"或"三八妇女节",是全世界劳动妇女团结战斗的光辉节日。1909年3月8日,美国芝加哥女工团要求男女权利平等而举行示威游行,次年8月在丹麦哥本哈根召开的国际第二次社会主义者妇女大会上决定,为了促进国际劳动妇女的团结和解放,以每年3月8日为妇女节,也叫国际妇女节。

好

在"小朋友要友好相处!""这件事好办。""天气好冷!"等句中,"好"分别表示"友爱、容易、很"等意思。但是小朋友应该知道,"好"的最初字义指"美、貌美"。在远古时代,人们盼望氏族繁衍、人丁兴旺,于是特别尊重生育了很多孩子的妇女,并认为能生育的女性才是美的。这种观念反映在造字上,于是出现了甲骨文的"好"字。"好"字就是一个女人怀抱一个孩子的图形,会意为生养了孩子的女性,也即指抽象的概念"美好、貌美"等。金文、小篆调整了字形结构,女性的形象换到了左边。隶书缘此写作"好",但已经完全符号化。演变中,"好"还引申为优点多或使人满意,与"坏"相对,如"好人"等。

【"好"字的演变】

甲骨文	金文	小篆	隶书	简体字
𢀖	𢀖	𡥀	好	好

【英语一点通】

"好"对应的英文单词有许多,包括:good,如"好消息"就是 good news;fine,如"好风景"即 a fine view;nice,如"好姑娘"就是 a nice girl。另外,good 的反义词是 bad,表示"坏的",而 bad 与 dad(爸爸)音、形易混,小朋友要注意哟!

【小朋友背诗词】

春夜喜雨

[唐]杜甫

好雨知时节,当春乃发生。
随风潜入夜,润物细无声。
野径云俱黑,江船火独明。
晓看红湿处,花重锦官城。

(**注释** 发生:萌芽生长。润物:雨水滋养植物。红湿处:被雨水打湿的花丛。花重:花沾上雨水变得沉重。锦官城:成都的别称。)

身

作为常用词,"身"有很多字义,如在"身躯、身段、船身"等词语中指人、动物的躯体或物体的主要部分,在"献身"中指人的生命或一生,在"亲身"中指亲自、本人,在"身败名裂"中指人的地位、品德等。小朋友或许还想问"身"的本义,但答案并不确定。有人说,甲骨文的"身"是在一个人形的腹部画上弧线,表示有了身孕;金文在腹部加上一点,又在下面加上表示禁忌的一横,意在强调女人怀孕。因此,"身"的本义即怀孕,只是后来"身"引申为身躯后,其本义由"孕"所替代。还有一说,即甲骨文中人形腹部的弧线指代人的躯体;金文中腹部上的点及下面的一横,意在强调身躯的部位。因此,"身"的本义即指脖子以下、脚部以上的人体部位,也就是身躯的意思。

【"身"字的演变】

| 甲骨文 | 金文 | 小篆 | 隶书 | 简体字 |

【英语一点通】

"身"的英文是 body。body 和 soul（灵魂）连用,组成短语 body and soul,意思是"全心全意地",例如"Serve the people body and soul."意思就是"全心全意地为人民服务。"。其中 serve 指"为……服务",people 与 the 连用表示"人民、平民"。

【科普小知识】

人类很早就开始探索人体的组成。公元前 440 年,医学之父、古希腊学者希波克拉底就认为,人体有血液、黏液、黄胆汁和黑胆汁四种体液。古代中国学者认为人体包含了金、木、水、火、土五种成分,如果破坏它们的平衡就会危及人体健康,导致疾病产生。人体组成学作为现代科学则始于德国化学家李比希。1850 年,他以化学分析的手段,发现人体与其吃下的食物有许多相同的成分。

孕

和"身"字相比,"孕"的甲骨文字形更加明显地表现出"怀孕"的本义。甲骨文中的"孕",在人形的腹部画出了很大的弧线,并在里面加上一个孩子的象形,整个字形就会意为女人怀胎、有了身孕。小篆将字形变为上下结构,也渐失象形意味。隶书缘此写作"孕",完成了字形的演变。除了怀胎、怀孕字义,"孕"还被引申指旧的事物中有新事物的萌生、发育,如"孕育"即指虽未显露、表达或发展,却包含在某物本质中;"孕"也可以用作"含、包含"之义,如"孕括"即指"包孕总括"等。

【"孕"字的演变】

甲骨文　　小篆　　隶书　　简体字

【英语一点通】

"孕"的英文是 pregnancy，意思就是"怀孕"，是一个名词。例如"Her second pregnancy was easy."即表示"她第二次怀孕很轻松。"。名词 pregnancy 的形容词形式是 pregnant，即指"怀孕的"。例如"Our math teacher is pregnant."意思就是"我们的数学老师怀孕了。"。

【科普小知识】

一般认为，文明古国都建立在河川台地附近。孕育了整个非洲文明的古埃及，发源于尼罗河流域。孕育了阿拉伯文明的古巴比伦，发源于幼发拉底河与底格里斯河流域。孕育了东亚文明的古中国，发源于黄河、长江流域。孕育了南亚文明的古印度，发源于印度河与恒河流域。

乃

"乃"是古汉语中的一个常用词,有很多字义。作代词时最常用作第二人称代词,相当于"尔",意思是"你、你的",如"乃父"即指你的父亲;作动词时义为"是、就是",如"真乃英雄好汉";它还可以作副词、连词等,表示"仅仅、竟然、于是、然而"等义。但是,"乃"的本义却是指女性的乳房,只不过该字义后来由另造的"奶"字所替代,而"乃"字便被用作其他的引申字义。甲骨文中,"乃"是女性乳房的侧面形象,其所表示的字义很直白,即指女性的乳房。金文、小篆的字形与甲骨文一脉相承,没有什么变化。到隶书,为了匀称美观,字形多了一撇,写作"乃",并被沿用至今,但已没有了象形的意味。

【"乃"字的演变】

甲骨文	金文	小篆	隶书	简体字
𠂆	3	3	乃	乃

【英语一点通】

"乃"作连词表示"于是"时,英文是 hence。例如"乃有此名"即为 hence comes the name,意思就是"于是,有了这个名字"。当"乃"作代词表示"你、你的"时,英文就是 you 或者 your,比如"乃父"的英文就是 your father,也就是指"你的父亲"。"乃"作副词时是"是,就是"的意思,英文是 is,例如"失败乃成功之母。"的英文是"Failure is the mother of success."。

【小朋友背诗词】

示儿

[宋] 陆游

死去元知万事空,但悲不见九州同。

王师北定中原日,家祭无忘告乃翁。

(**注释** 示:告诉。元:本来、原来。九州同:全国统一。王师:国家的军队。家祭:家中祭祀祖先的仪式。乃翁:你的父亲。)

乳

小朋友还是小宝宝的时候,需要妈妈的乳汁喂养。你知道吗?"乳"的甲骨文就是一个跪坐的、胸前乳头突出的妈妈双臂搂着一个婴儿,并给他喂奶的图形,因此,"乳"的本义即指哺乳、喂奶,也就是以乳汁喂养婴儿。到小篆,"乳"的字形演变为左右结构:左上边为由双臂演化的手形,左下边为婴儿象形,右边为母亲的简单象形,结合起来,整个字形仍会意为哺乳。隶书据此写作"乳",则完全失去象形的韵味。"乳"的本义"哺乳"为动词,但由此引申为名词"乳汁、乳房"等;还引申为形容词,如在"乳燕、乳虎、乳兽"等词中即指刚孵出的或幼小的等义。

【"乳"字的演变】

甲骨文　　小篆　　隶书　　简体字

【英语一点通】

"乳"表示"乳房"时，英文是 breast。例如 a baby at the breast 即指"在吃奶的婴儿"。当"乳"表示"乳汁"时，英文是 milk。比如"母乳"就是 breast milk。小朋友在 breast 中还能找到一个单词 east，表示"东方"；而与 milk 音、形相似的词有 silk，指"丝绸"。

【词语聚宝盆】

"乳臭未干"意思是身上的奶腥气还没有退尽，常用作贬义，表示对年轻人的轻蔑和讥讽。"臭"读作 xiù，指味道；"干"读作 gān。例如：这些被人说成是乳臭未干的青年人，在老农指导下，搞起了高产试验田。

"乳臭未干"和"年幼无知"都可表示因年纪小而没有知识、经验之义，但前者强调年纪小，为讥讽之语；而后者偏重于因为年幼不懂事，不含轻蔑、讥讽之义。

幼

小朋友都上过幼儿园,在那里接受过保育和教育。幼儿园专为学龄前儿童所设置,"幼儿"义为幼小的儿童,这里的"幼小"即"幼"的本义。甲骨文中,"幼"由一个表示男人手臂的图形和一个脐带的象形会意而成,指刚出生的小男孩,也即幼小的意思。金文对字形结构做了调整。小篆则进一步分为左右结构,字形变得匀称、美观。隶书缘小篆写作"幼",字形也被固定下来。

"幼"的本义为幼小,可以泛指年纪小、初出生的事物,如"幼儿、幼虫、幼苗、幼年"等;还可以作为名词,指小孩,如"幼教"即为幼儿教育的简称、"扶老携幼"即指搀着老人、领着小孩等。

【"幼"字的演变】

甲骨文　　金文　　小篆　　隶书　　简体字

幼

【英语一点通】

"幼"表示"幼小的、年轻的"时,英文是 young。"年轻的姑娘"即 a young girl。当"幼"表示"幼儿"时,英文是 child。young 的反义词是 old(年老的);child 的复数形式是 children,如"儿童节"即 Children's Day。

【可爱的祖国】

《幼学琼林》是中国古代儿童的启蒙读物,最初由明末程登吉(字允升)编著。全书用对偶句写成,易读易记;内容广博、包罗万象,被称为中国古代的百科全书。书中对许多成语的出处作了介绍,读者可以掌握不少成语典故;还可以从书中了解到中国古代的著名人物、天文地理、典章制度、风俗礼仪等诸多方面的内容。此外,书中有许多警句、格言,到现在还依然被传诵。

加

说假话是一种不诚实的表现,但是有些人为了某种目的却会在叙述或转述别人的话时,添枝加叶地说出一些实际上并不存在的话。对于这种行为,古人专门造出了一个"加"字进行描画。金文中,"加"为上下结构:上半部分是一个手臂的象形,表示有力量;下半部分是一个口形。两形会意,指将话语夸张化或渲染得很有力量,也即添枝加叶说假话、虚报等。小篆的字形演变为左右结构,原来的手臂之形变为"力"。隶书缘此写作"加"。演变中,"加"被引申指"增加、强加、参加"等;还被用作副词,表示程度,相当于"更加、愈加"等。小朋友,诚实是一种美德,我们与人交往时应做到以诚相待,可不能说假话、说谎话哟!

【"加"字的演变】

金文　　小篆　　隶书　　简体字

【英语一点通】

"加"表示把两个或两个以上的东西或数目合在一起时,英文有两种说法:一个是 add,比如"三加四等于七。"就是"Add three and four to make seven."。另一个是 plus,例如"二加三等于五。"译为"Two plus three makes five."。但当"加"表示"增加"时,英文是 increase。

【寄语小读者】

"有则改之,无则加勉"这句话是说对别人给自己指出的缺点错误,如果有,就改正,如果没有,就用来提醒自己不犯同样的错误。小朋友从这句话中应该学会正确对待别人的表扬与批评,特别是对待别人的错误批评、错误评论、错误评价,如果能够做到"无则加勉",对小朋友的成长将会有很大的帮助。

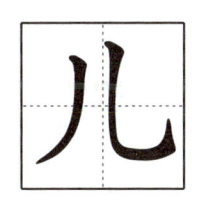

儿

"儿"在汉语中有很多字义,如在"儿戏"中指小孩子;在"男儿"中指年轻人;在"儿子"中指男孩子;在"儿猫"中指雄性动物等;而在"盆儿、门儿、玩儿、零碎儿"等词中,"儿"则是词的一种后缀,起着不同的语法作用。那么"儿"的本义是什么?它是怎么造出来的?有人认为,甲骨文、金文中,"儿"字是一个头大身小的幼儿象形,字形上面的缺口表示幼儿头顶的囟门还没有完全闭合。小篆的字形上面多了几笔,表示幼儿的头发有所增加。但是也有人认为,甲骨文和小篆的"儿"是一个小孩子张口哭笑的象形。隶书承袭小篆,汉字简化后写作"儿"。虽然大家对"儿"字的起源有分歧,但都同意"儿"的本义指"幼儿"。

【"儿"字的演变】

甲骨文	金文	小篆	隶书	简体字
ᛏ	ᛏ	兒	兒	儿

【英语一点通】

"儿"表示"婴儿"时,英文是 baby;"儿"指"小孩子"时,英文是 child;"儿"指"儿子"时,英文是 son;"儿"表示"雄性动物"时,英文则是 male。名词 baby 和 child 加上 -ish 就变为形容词,即 babyish 和 childish,两个单词的意思都是指"孩子气的"。

【科普小知识】

六一儿童节,即"六一国际儿童节",是全世界少年儿童的节日。1942年6月,德国法西斯枪杀了捷克利迪策村16岁以上的男性公民140余人和全部婴儿,并把妇女和90名儿童押往集中营。为了悼念利迪策村和全世界所有在法西斯侵略战争中死难的儿童,保障各国儿童的生存权、保健权和受教育权,改善儿童的生活,1949年11月,国际民主妇女联合会决定以每年的6月1日为国际儿童节。

兄

"兄"即兄长,是对哥哥的尊称。在中国传统家庭中,兄长往往扮演着半个家长的角色,在弟、妹中具有一定的权威;在特殊的时候甚至会继承父亲的角色,担起整个家庭的重担。因为兄长的身份特殊,所以"兄"字和我们的传统文化关系密切。甲骨文、金文的"兄"与"儿"的字形相像,但"兄"的上面是一个口形,会意为会说话的男孩子。因为会说话的孩子比"儿"大,所以"兄"的本义即指兄长。到小篆,字形下面的"人"演变为"儿"。隶书缘此写作"兄",并将字形固定下来。"兄"除了本义指兄长,还可以用来称呼同辈男性中年龄比自己大的亲戚,如"表兄、堂兄"等;也可以作为对他人的尊称,如"学兄"等。

【"兄"字的演变】

甲骨文	金文	小篆	隶书	简体字
𠑷	兄	兄	兄	兄

【英语一点通】

"兄"的英文是 elder brother，即"哥哥"。其中 elder 是形容词，意为"年纪较长的"；brother 意为"兄弟"。elder 也能作名词，即"年纪较大者，长辈"，如"尊敬长辈"即 respect your elders；brother 也作"同事、伙伴"讲，如 a brother in arms（武器）即表示"战友"。

【词语聚宝盆】

"难兄难弟"语出《世说新语》，原指兄弟二人都很好，才德相当、难分高下，现多反其意而用之，指二人同样坏，或是共同落难之人。难：患难。例如：两人生不逢时，空有满腹学识，却无法施展抱负，真是一对难兄难弟。"难兄难弟"与"一丘之貉"都有同样坏的意思，但前者多指二者相比，而后者可以指多个；另外，"难兄难弟"有时可指同样好，而"一丘之貉"并无此义。

玄

小朋友已经知道，古人往往取象造字，所以每个汉字的含义大都与其字形有关。那么你看看甲骨文、金文的"玄"字像什么？你能猜出它的含义吗？有人说，它们像缠绕的弓弦，所以说"玄"的本义指弓弦；又有人说，它们的下端像单绞的丝，上端是丝绞上的系带，整个图形表示作染丝用的丝结，所以"玄"被转指赤黑色、黑中带红的颜色；但还有人认为，"玄"是婴儿脐带的象形，表示氏族血缘的联结、传承，又因为脐带干了之后会变成黑色，所以"玄"又指黑色。每种解释都有其道理，我们不必纠结，只需明白：演变中，"玄"的字形最后被完全符号化；同时，其字义也得到扩展，如引申指"深奥、奇特、玄虚"等。

【"玄"字的演变】

甲骨文　　金文　　小篆　　隶书　　简体字

【英语一点通】

"玄"表示"黑色"时，英文是 black，如"玄狐"即 a black fox（狐狸），也就是指"黑色的狐狸"；"玄"表示"深奥"时，英文是 profound，如"玄理"即 profound theory（理论），也就是指"深奥的理论"。另外，"黑板"的英文 blackboard 中也含有 black 一词。

【可爱的祖国】

玄奘（602 或 600—664），唐朝著名的三藏法师、佛教学者、旅行家，与鸠摩罗什、真谛并称为中国佛教三大翻译家，唯识宗的创始人。俗名陈祎，河南洛阳洛州缑氏人，13 岁出家。629 年，从长安西行赴印度。645 年，回到长安。他还著有《大唐西域记》十二卷，记述西游亲身经历。玄奘是明代吴承恩所著的中国著名古典小说《西游记》的中心人物唐僧的原型。

系

如同对"玄"字的本义有多种解释一样，人们由于对"系"字的甲骨文、金文字形有不同的理解，因此对"系"的本义也有不同解释。有人认为，"系"的上面为一只手的象形，中间为扎结的绳线，下面为婴儿脐带的两端，多形会意为扎结脐带，即本义为系结、扎结；还有人认为，"系"的上面是"爪"，下面是"丝"，会意为丝悬于掌中而下垂，即本义为"悬、挂"。当"系"演变至小篆，字形得到简化，变得美观、工整；隶书缘此写作"系"，则完全符号化；其后，该字形一直沿用。演变中，"系"引申出很多字义，如在"关系"中指关联，"系念"中指牵挂等；此外，它还用作某些学科中分类的名称，如"汉藏语系"等。

【"系"字的演变】

| 甲骨文 | 金文 | 小篆 | 隶书 | 简体字 |

【英语一点通】

"系"的英文是 tie,表示"打结"。如"系住你的鞋带。"即"Tie your shoelaces.",其中 shoelace(鞋带)由 shoe(鞋子)和 lace(系带)组成。与 tie 相似的词有 die(死亡)、lie(躺)、pie(馅饼)。

【词语聚宝盆】

"系风捕影"意思是拴住风,捉住影子。比喻无法办到的事,也比喻说话做事以不可靠的传闻或表面现象作根据。例如:他这个人好搬弄是非,整天系风捕影,说一些让人不能相信的话。与"系风捕影"近义的词有"捕风捉影、捕风系影、望风捕影、握风捕影、系风捕景"等。

绝

从甲骨文、金文的字形判断,"绝"的本义与"系"相反。但与"系"的情况一样,人们由于对"绝"的字形有不同理解,因此对其本义也有不同解释。有人认为,甲骨文的"绝"描画的是给连接在一起的脐带中间加上三横,表示切断脐带两端,会意为中止血缘的延续,也就是说,"绝"的本义即断子绝孙。但也有人说,"绝"的甲骨文是人用刀剪断丝线之形,所以"绝"的本义为把丝弄断。金文的"绝"承袭甲骨文,字形中出现刀剪之形;到小篆,"绝"演变为义从"糸"及"刀"、声从"卩"的形声字;隶书缘此写作"绝",并沿用至今。字体演变中,"绝"又引申出"断绝、隔绝、穷尽、独特"等字义。

【"绝"字的演变】

甲骨文　　金文　　小篆　　隶书　　简体字

【英语一点通】

"绝"表示"断绝"时,英文为短语 cut off。其中 cut 是一个动词,意思是"切、割";off 用作副词,表示"……下、……掉"等。例如"绝其后路"就是 cut off his retreat,其中 retreat 指"撤退、后退"。另外,cut off 还表示"切断、中断"等,如 cut off one's finger 即"切了某人的手指"。

【小朋友背诗词】

江雪

[唐]柳宗元

千山鸟飞绝,万径人踪灭。
孤舟蓑笠翁,独钓寒江雪。

(注释　千山:虚指所有的山。绝:无、没有。万径:虚指所有的路。人踪:人的踪迹。灭:消失。孤:孤零零。舟:小船。蓑:蓑衣。笠:斗笠。)

御

小朋友喜欢看《西游记》吧？那你知道为什么唐僧被称为"御弟"吗？原来，《西游记》中唐僧从长安出发往西天取经前，曾和唐太宗李世民结拜为兄弟，因为唐僧年龄小，而唐太宗又是皇帝，所以唐僧就成了"御弟"。也就是说，凡与皇帝相关的都称为"御"，比如"御膳"指皇帝的饮食等。总之，"御"是对帝王所作所为及所用物的敬称。但是，"御"的本义却并非如此，而是指驾驶车马。甲骨文的"御"，指人手握缰绳行于道中，即驾驶车马。金文的字形增加了表示出行的符号"止"，更强调了驾驶车马之义。小篆承袭金文，隶书缘此写作"御"并沿用至今。除了以上字义，"御"还引申指"抵挡、防御"等。

【“御”字的演变】

甲骨文	金文	小篆	隶书	简体字
𢓷	御	御	御	御

【英语一点通】

"御"指"驾驭"时,英文是 drive,如"驾驭马车"即为 drive a carriage,carriage 意为"马车"。如果给动词 drive 加上后缀就变为名词,即 driver(驾驶者、司机),如 carriage driver 即指"驾驭马车者"。另外,driver 中还有一个词 river(江、河),小朋友要记住哟!

【可爱的祖国】

湖南张家界御笔峰,传说是由向王天子兵败时丢弃的御笔所化。峰高100余米,是天子山风景区的最佳景点之一,也被公认为武陵源砂岩大峰林风光的标志性景点。附近景点中,舌子岩似悬挂于空中、浮于云海;另有两山夹缝,宽仅1米,下临深渊,寸步难行;还有一石峰宛若一仙女手捧鲜花含笑献人,遂得名"仙女献花"。

考

在学校，小朋友会经常参加各门功课的考试。考试是对大家所学知识的一种测试，而"考试"中的"考"字即测验的意思。但小朋友肯定想不到，"考"字的本义却是指人年纪大、很老。甲骨文、金文的"考"字描画的就是一个拄着拐棍、老态龙钟、伛偻的老人形象：上面的符号表示稀疏的长发、中间是弓着腰的人形、下面的图形是拐杖，合起来义即老、年纪大。小篆的字形变得圆润、美观。隶书缘此写作"考"，已完全符号化。因为"考"本义为老，所以被引申指去世的父亲，如"考妣"即对死去的父母的称呼；另外，"考"还引申指考察，如"考绩"义即考察功绩；而在"考证、考古"中，"考"则指推求、研究等。

【"考"字的演变】

| 甲骨文 | 金文 | 小篆 | 隶书 | 简体字 |

【英语一点通】

"考"的英文是 examine,指"考试、测验"。单词 examine 是一个动词,它的名词形式是 examination,例如"他考试通过了。"即"He has passed the examination."。另外,examine 加上后缀可以变为新的单词,如 examiner 指"主考者、考官",examinee 表示"应试者"。

【可爱的祖国】

考据学是中国传统学术的一种治学方法,又称考证学或朴学,一般以经学为中心,以"实事求是""无证不信"为原则,主要对古籍加以整理、校勘、注疏、辑佚等。考据学产生于明代中后期,是汉学家所使用的主要治学方法;到清代,得到迅速发展,全盛时期的代表人物有惠栋、戴震、段玉裁等,其考证方法大同小异。

老

"老师"是小朋友在学校每天都会用到的一个词，在这个词里，"老"只是加在姓、名或某些称谓前面的词缀，不具有实际含义。但在其他情况下，"老"的含义却很丰富。从它的演变来看，"老"与"考"的最初字形几乎没有什么差别，都是一个弓背老人拄着拐杖的象形，只是金文、小篆中的拐杖图形变为表示动作含义的符号。隶书的字形承袭小篆，写作"老"，并沿用至今。根据最初字形，有人认为，"老"的本义指年岁很大的女人，但大部分人认为"老"的本义就是指年老、衰老。现在"老"字一般指年岁大，与"幼"相对，如"老人"等；还指总是、经常，如"老是生病"；而在"老地方"中则表示原来的。

145

【"老"字的演变】

甲骨文	金文	小篆	隶书	简体字
𦓁	𦓁	𦒳	老	老

【英语一点通】

和"老"对应的英文有很多,其中一个是 aged,表示年岁大的。aged 是一个形容词,但给 aged 前面加上定冠词 the,即 the aged,则起名词的作用,指"老人"。如"尊老爱幼"即 respect the aged and love the young,其中 young 在这里是名词,表示"年轻人"。

【词语聚宝盆】

"老生常谈"语出《三国志》,原指老书生经常谈论的事物或观点,后泛指毫无新意的理论或老话,有时也可以用作自谦。老生:老书生。例如:我懒得应酬,说来说去,全是听腻了的老生常谈。与"老生常谈"近义的词有"陈词滥调、老调重弹",反义的词有"标新立异、真知灼见"等。

每

"每"的字形非常奇怪，从甲骨文开始，它的演变就与"母"字相似，只不过每种字体的上半部分都比"母"多了一两笔。有人说，从甲骨文到小篆，"每"字上面多出的符号，是发簪之类头饰的象形，因此，"每"的最初字义即母亲，它是"母"的异体字；但还有人说，"每"字多出的符号是草木初生的象形，也即"屮"。因此，"每"是一个义从"屮"、声从"母"的形声字，其本义为草旺盛生长，如"原田每每"即原野上草木旺盛。就"每"的本义所持的两种说法，无论哪个正确，现在都已经不再使用。"每"字常用的字义要么为副词，指常常或每一次，如"每逢"等；要么为代词，指各个，如"每天"等。

【"每"字的演变】

甲骨文　　金文　　小篆　　隶书　　简体字

【英语一点通】

"每"的英文有 every、each 等，指全体中的任何一个或一组。但是，each 用来指两个或两个以上中的每一个，而 every 只可指三个或三个以上中的每一个，不能指两个中的每一个。比如可以说 each of my eyes，不能说 every one of my eyes，但可以说 every one of my toes（脚趾）。

【小朋友背诗词】

九月九日忆山东兄弟

〔唐〕王维

独在异乡为异客，每逢佳节倍思亲。
遥知兄弟登高处，遍插茱萸少一人。

（**注释** 九月九日：农历九月初九重阳节。异乡：他乡。倍：加倍、更加。遥知：远远地想到。登高：民间在重阳节有登高辟邪的习俗。茱萸：香味植物，古风俗重阳节插茱萸辟灾疫。）

毓

小宝宝在母亲肚子里待了十个月左右后,母亲就要将小宝宝分娩出来。母亲分娩婴儿是非常神圣但也是很辛苦的一件事,汉字"毓"的最初字形描画的就是母亲分娩时的情景。甲骨文中,"毓"的左边是一个母亲的象形,右边是一个头朝下、刚刚从母体中分娩出来的婴儿的象形,婴儿下面的小点代表分娩时流出的羊水或血水,多形会意,"毓"即指生育。金文、小篆的字形有所变化,但会意的结构不变。隶书缘此写作"毓",字形虽然规整,但已看不出其最初字形的象形意味。从甲骨文到金文,"毓"的字形与"育"相同,也就是说,"毓"是"育"的异体字,只是后来当"育"专指生育后,"毓"就不再用来表示生育等意义了。

【"毓"字的演变】

甲骨文	金文	小篆	隶书	简体字
𓏱	𓏲	𓏳	毓	毓

【英语一点通】

"毓"表示"生育"时，英文是 give birth to，例如"She gave birth to twins."意为"她生了双胞胎。"。其中 twins 的意思是"双胞胎"，单词 birth 指"出生、分娩"。与 birth 相联系的词有 birthday，表示"生日"，还有 birthplace，指"出生地"。

【词语聚宝盆】

"钟灵毓秀"意思是凝聚了天地间的灵气，孕育着优秀的人物，指山川秀美，人才辈出。钟：会聚、集中；毓：孕育、产生。例如：桂林山水甲天下，又是钟灵毓秀之地。与"钟灵毓秀"近义的词有"鸾翔凤集"等。"鸾翔凤集"用来比喻优秀的人才会聚到一起。

繁

"繁"一般表示众多、复杂、兴盛等，是一个抽象概念，古人在创造"繁"字时，借用了母亲即女性的形象来进行会意。金文中，"繁"字的左上边是一个处于哺乳期的母亲的象形，右下边则是一个胎儿的脐带的符号，下面的三条短线表示生育的孩子很多，多形会意，"繁"字即指生育了很多孩子。小篆的"繁"调整了字形，但会意特点没变。其后，出现了"緐"及"繁"两种字形，第一种直接承袭小篆，第二种则远承金文并增添了笔画。因为人们更多地使用第二种字形"繁"，因此第一种字形"緐"逐渐被废弃。"繁"在演变中衍生出了很多字义，如"繁殖、繁衍"即指生物增生新个体，"繁茂、繁荣"即指兴盛等。

【"繁"字的演变】

金文　　小篆　　隶书　　简体字

【英语一点通】

"繁"的英文是 numerous，表示"繁多"。例如"纷繁"就是 numerous and complicated，其中 complicated 的意思是"结构复杂的"。与 numerous 同根的词有 numeral，指"数词、数字"；还有一个词 numerical，表示"数字的、数值的"等。

【可爱的祖国】

冰心（1900—1999）是中国现代文学史上最著名的女作家之一。她的早期诗作《繁星》和《春水》，受到印度诗人泰戈尔的《飞鸟集》的影响，不仅是其诗歌的代表作，也是中国现代诗歌的代表性作品。哲理性强是冰心诗作的一大艺术特点，纤柔是其诗歌的另一个显著特色。她的文字轻柔雅丽、韵律浑然天成、意境优美清丽，给人留下深刻印象。

衣

"秋天里,树叶黄,大树脱下绿衣裳。"儿歌将树的绿叶比作人的衣裳。歌中的树叶是泛指,不用具体到哪片树叶大哪片树叶小,就如同衣裳泛指衣服,也不用说清楚是上衣还是裤子一样。但是,小朋友知道吗?"衣裳"在古代分别指两种不同的概念:"衣"指的是上衣;"裳"读作 cháng,为下衣,指古人下身穿的裙装。甲骨文的"衣"就是上衣的象形:字的上边表示衣领,两边开口的地方指衣袖,下面的曲线表示衣襟。古人上衣的衣襟成一斜长的三角形,其角端从人的前胸斜向右或左绕至背后,再扎在腰间。金文、小篆的字形基本上描画出了这种上衣的特点。但隶书时,字形规整、固定为"衣",就失去了象形的意味。

【"衣"字的演变】

甲骨文	金文	小篆	隶书	简体字
仌	仒	衣	衣	衣

【英语一点通】

"衣"的英文为 clothing，意思是"衣服"。如"丰衣足食"即 have ample food and clothing，其中 ample 指"丰富的、充足的"，food 指"食物"。当"衣"表示包在物体外面的一层东西时，英文是 coating，如"糖衣"即 sugar coating，其中 sugar 指"糖"。

【可爱的祖国】

汉服，即汉族服饰的简称，主要是指清代以前，在文化发展和民族交融过程中形成的汉族的传统民族服饰。汉服的主要特点是交领、右衽、束腰，用绳带系结，也兼用带钩等，给人洒脱飘逸的印象。汉服的由来可追溯到三皇五帝时期，后历经周朝的周礼制规范制式，到了汉朝因推崇周礼而趋向完善并普及，随后各朝代的汉服虽有局部变动，但其主要特点不变，均以汉代的为基本特征。

常

小朋友已经知道,"裳"指下衣,即古人下身穿的裙装。但是古人最初造出的表示下衣的字却是"常"。金文的"常"为会意字:上面的两撇指腰的两侧,中间半包围的字形即"冖",表示覆盖之义,下面的字形代表人的阴部,多形会意,即指缠绕于腰的两侧、用于遮蔽下体的裙装。到小篆,字形变得复杂:上面写作"尚",下面又增加了一个"巾",既表明裙装的质地为布帛,也反映了"巾"常挂于古人腰下的现象,而"常"也由此演变为会意兼形声字。隶书缘此写作"常",字形得到确定。"常"后来常被用于引申义"恒久、经常"等。

【"常"字的演变】

金文　　　小篆　　　隶书　　　简体字

【英语一点通】

"常"表示"普通"时英文是 ordinary。如"不寻常的"即为 out of the ordinary,其中词组 out of 的意思是"超出、离开"。当"常"表示"时常、常常"时,英文是 often,如"她常去听音乐会。"译为"She goes to concerts quite often."。其中 concert 的意思是"音乐会、演奏会"。

【词语聚宝盆】

"常备不懈"意思是时刻准备着,毫不松懈。形容警惕性高。常:时常;备:防备、准备;懈:懈怠、放松。例如:我们要提高警惕、加强战备,树立常备不懈的作战思想。

我们的祖先在学会纺布帛以前,把兽皮做成衣服用来遮羞、避寒。"裘"的甲骨文字形就是对这种用兽皮做成的衣服的象形:字的上半部分表示衣领,中间两边开口处指衣袖,下半部分则是衣襟的轮廓以及皮衣向外翻出的兽毛。到金文,字形的外围变化不大,但里面增加了一个"求"字,即带有兽毛符号的手形,表示手从带有兽毛的袖子里伸出来。因此,金文的"裘"演变为义从"衣"、声从"求"的形声字。小篆与金文一脉相承,字形更加美观。到隶书,字形完全符号化,并将"求"置于"衣"上,写作"裘"。简体字承袭隶书,字形保持不变。"裘"的本义即皮衣,现在的字义也没有什么变化。

【"裘"字的演变】

甲骨文	金文	小篆	隶书	简体字
兪	裘	裘	裘	裘

160

【英语一点通】

"裘"的英文是 fur coat,即指"毛皮做的衣服"。其中 fur 意为"毛、毛皮",coat 指"外衣、外套"。如"狐裘"的英文即 a fox fur coat,也指用狐狸的毛皮做成的衣服。其中 fox 指"狐狸"。从 fox 小朋友能联想到 ox(公牛)、box(箱子、盒子)等单词吗?

【词语聚宝盆】

"肥马轻裘"意思是骑肥壮的马,穿轻暖的皮衣,形容生活豪华奢侈。裘:皮衣。例如:每个人都希望腰缠万贯、肥马轻裘,可那不是轻易能办到的。与"肥马轻裘"近义的词有"腰缠万贯、积玉堆金、富埒天子",反义的词有"家徒四壁、一贫如洗、衣衫褴褛"等。另外,"裘马轻肥"与"肥马轻裘"同义,也指身上穿着软皮衣、骑着肥壮骏马,形容生活富裕。

衰

小朋友看过漫画《阿衰 on line》吧？主人公阿衰的故事就像他的名字一样滑稽可笑。在书中，阿衰本来叫阿帅，可是大家觉得他并不帅，所以给他取了个带贬义的滑稽外号阿衰。但是小朋友可能还不知道，"衰"的本义是指用草或棕编织起来的蓑衣。金文的"衰"就是一件蓑衣的简笔白描：字形的上半部分像蓑衣披在肩上，下半部分像蓑衣之形。到小篆，金文的字形被合为一体，并在它的上面和下面分别加上了"衣"字的上下分体，两形会意，仍指蓑衣。隶书缘此写作"衰"，并被沿用下来。演变中，"衰"的字义又引申为衰败、衰减，为了区别本义，古人给"衰"字加上"艹"头，另造"蓑"字来表示蓑衣。

【"衰"字的演变】

金文　　小篆　　隶书　　简体字

【英语一点通】

"衰"的英文是decline，表示"衰退、减退"，如on the decline即指"在衰退中、没落"等。单词decline还有"谢绝、拒绝"等义，如decline an invitation with thanks即表示"婉言谢绝邀请"，其中invitation的意思是"邀请"。另外，decline中有一个单词line，指"线、行列"。

【小朋友背诗词】

回乡偶书

［唐］贺知章

少小离家老大回，乡音无改鬓毛衰。
儿童相见不相识，笑问客从何处来。

（**注释**　偶书：因所见所感而偶然写的诗。老大：年纪大了。乡音：家乡的口音。鬓毛：额角边靠近耳朵的头发。衰：疏落、衰败。）

巾

中国少年先锋队是我们少年儿童的组织，每个少先队员都要佩戴红领巾。红领巾代表红旗的一角，是少先队员的标志。小朋友应该知道，红领巾的"巾"字就是佩巾的意思，我们的祖先在很早的时候就知道把毛皮或布帛裁成帕巾或佩巾，用来擦物或者戴在头上。甲骨文中，"巾"就像一块方巾被挂起来的样子，本义就是佩巾、拭布。从金文到简体字，"巾"由于字形简洁、生动，一直被沿用，未发生变化。"巾"除了本义表示佩巾或拭布外，还可以指围巾、枕巾等。在汉语中，"巾"还是个部首字，由"巾"为偏旁组成的字如"帽、帼、帐、常、幕、带"等，其字义大都与配饰或布帛有关。

【"巾"字的演变】

甲骨文　　金文　　小篆　　隶书　　简体字

【英语一点通】

"巾"的英文有多种，如 napkin 指"餐巾"、scarf 指"围巾"、towel 指"毛巾"、kerchief 指"头巾"等。其中，napkin 中含有单词 nap(打盹)及 kin(亲戚)，scarf 中有 scar(伤疤)及 car(汽车)，kerchief 中有 chief(主要的)这个单词。

【小朋友听故事】

三国时，蜀国丞相诸葛亮率军攻打魏国，与司马懿对峙于渭南。为了让司马懿出兵迎战，诸葛亮采用激将法，派人给司马懿送去一堆妇女用的头巾和发饰，并写信说：你司马懿一个大英雄也太胆小了，竟然不敢应战！如果你敢出战，就是男子汉；否则，就干脆搽脂抹粉，用女人的头巾包头，做个巾帼英雄吧！司马懿读了信非常生气，但他知道这是诸葛亮使诈，因此并未中计出兵。

小朋友做值日搞卫生、打扫教室时会用到扫帚。扫帚看起来简单、粗糙,但你千万别轻视它,它可是远古时代我们的祖先就已经开始使用的清洁工具。甲骨文、金文中,"帚"字就是一把扫帚的象形描画:上面是扫帚的帚身,下面是扫帚把,金文中间的两点一横表示捆扎扫帚的绳索。整个字即表示扫帚之义。到小篆,"帚"的字形变得工整、美观,但却失去象形的特点。隶书缘此写作"帚",并一直沿用至今。

"帚"在字体演变中,其所指的扫帚的字义一直保持不变;但另一方面,人们在过去还将"帚"作为一种占卜工具,如"帚卜"即指旧时南方有些地方的妇女,她们会在正月元宵灯节时用围裙绑住扫帚来进行占卜。

【"帚"字的演变】

| 甲骨文 | 金文 | 小篆 | 隶书 | 简体字 |

【英语一点通】

"帚"的英文是 broom。与 broom 相关的谚语有"New brooms sweep clean.",意思是"新官上任三把火。",用来比喻新到职者办事热心认真。其中 sweep 指"打扫",clean 指"干净的"。与 broom 相似的词有 bloom(开花)以及 room(房间)等。

【科普小知识】

彗星是太阳系中的一种小天体,由冰冻物质和尘埃组成。当它靠近太阳时遇热蒸发,在冰核周围会形成朦胧的彗发和由一条稀薄物质流构成的背离太阳方向的彗尾。因为彗星形似扫帚,因此民间也俗称其为"扫帚星"。古人总是把彗星和各种灾难联系在一起,因此认为它是"灾星"。世界上首次关于哈雷彗星的确切记录,是我国《春秋》中记载的公元前613年的彗星活动,比欧洲早600多年。

帛

小朋友或许还不知道,"帛"是我国战国以前对丝织品的总称,包括锦、绣、绫、罗、绢等。因为给丝织品染色难度较大,而染色的技术较晚才出现,所以早期的丝织品大都为本色即白色。反映在造字上,"帛"字就是一个以"白"指丝织品的颜色,同时兼指读音;以"巾"表示块状丝织物之义的会意兼形声字。从甲骨文到简体字,"帛"都保持上"白"下"巾"的字形结构,几乎没有发生什么变化。历史上,"帛"因其贵重,所以在古代常常是贵族的生活奢侈品,他们不仅身穿各种丝织品做成的衣服,还经常用丝织物来写字绘画,如"帛诏"就是指写在丝织物上的诏书、"帛画"就是指画在丝织物上的图画等。

【"帛"字的演变】

甲骨文	金文	小篆	隶书	简体字
帛	帛	帛	帛	帛

【英语一点通】

"帛"的英文是 silks,是丝织物的总称,单词 silk 即指丝、绸等。古人常用帛来绘画写字,如"帛画"就是 painting on silk,其中 painting 即"绘画";"帛书"就是 book copied on silk,其中 book 的意思是"书",copied 是 copy(复制、抄写)的过去式。

【词语聚宝盆】

"永垂竹帛"意思是把人的姓名、事迹、功名记载于史书上,永远传于后世。竹帛:竹简和绢,古时用来写字,因此借指典籍。例如:苏武不辱使命,以民族气节为重,因此永垂竹帛,为后世所敬仰。与"永垂竹帛"近义的词有"永垂青史、名垂青史"等。

家

在人类社会发展的早期阶段，猪是和我们的祖先关系最为密切的一种动物。它易于豢养，肉可供食用，皮能用来制作皮革，粪便还是优质的农家肥，因此，古人很早就开始了对猪的驯养。但由于当时生产力低下，人们多在屋子里养猪，所以房子里有猪就成了家的重要标志。甲骨文的"家"描画的就是这种场景：字的外围是表示房屋的"宀"的甲骨文字形，里面则是一头猪的象形，两形会意，指屋内、住所。到金文，由于文字铸刻于金属器皿之上，笔画不易画精细，因此，字形中猪的图形变得更加丰满而形象。小篆时，字形趋于线条化，渐失象形的特点。隶书缘此写作"家"，并将字形固定下来，一直沿用至今。

【"家"字的演变】

jiā zì de yǎn biàn

| 甲骨文 | 金文 | 小篆 | 隶书 | 简体字 |

【英语一点通】

"家"的英文是 family。如"How many people are there in your family?"的意思就是"你家有几口人?",其中 people 指"人、家人"。另外,"家"也可以用 home 来表示,指家庭的住所。如短语 go home 意即"回家"。

【小朋友猜谜语】

一个可爱小铃铛,挂在家家大门上。
人人都能来欣赏,个个都能来听响。

（打一成语）

（谜底:家喻户晓）

穴

远古时代，我们的祖先还没有学会建造房屋的时候，他们一般在洞窟穴居。大约距今七千到一万年前，黄河中下游地区就出现了一种地洞式的居室，样子类似于黄土高原至今仍然存在的窑洞。甲骨文的"穴"就是古人对这种洞窟的象形描画：字形外围的框像是洞穴的大致轮廓，里面"八"的部分表示洞孔，整个字的意思即指地下洞穴或土窟窿。金文、小篆的字形略有变化，但象形的特点未变。隶书将字形完全符号化，写作"穴"，之后就一直沿用。在字体演变中，"穴"的字义被不断引申，衍生出如"墓穴""巢穴""人体穴位"等意思来。此外，"穴"还可作偏旁，组成字义与屋室或洞窟有关的字，如"窗、窝、窑"等。

【"穴"字的演变】

甲骨文　　金文　　小篆　　隶书　　简体字

【英语一点通】

"穴"的英文是 cave，意思是"洞穴"。如 cave animal 即指"穴居动物"，而 cave painting 即指"石洞壁画"。与 cave 音、形相似的词有 pave（铺路）、save（挽救）、wave（波浪）等。

【小朋友听故事】

一只老鹰抓起一只羊羔，又飞回天上。一只穴鸟看到了，非常羡慕，也想把猎物抓上天。于是，它飞到一只大公羊头上，打算把它抓上天，但爪子却给羊毛缠住了，怎么都无法挣脱。于是，牧羊人逮住穴鸟，并剪断了它的翅膀。到晚上，他又把穴鸟带回家，拿给孩子们看。孩子们问道："爸爸，这是什么鸟呀？"牧羊人回答说："照我看，它怎么样都像一只穴鸟，可它却偏偏要冒充老鹰！"

窗

在家里，我们住的屋子无论大小，一般都会开有窗户以透光通风。同样，远古时代，人们在居住的洞窟顶上也开有类似窗户的通风孔，甲骨文的"窗"就是对这种通风孔的仰视图像的象形白描。金文的字形稍有改变，并在上面增加了一个表示排烟的短线。因为洞窟中的通风口既能通风、透光，又能排烟，所以甲骨文、金文的字形，既表示窗户也表示烟囱，这就是说，"窗"和"囱"有着同样的甲骨文、金文字形。但到小篆，"窗"与"囱"分道扬镳，字形上多出了"宀"，这个变化反映了窗户和烟囱的功能随着人们居住环境的改善而逐渐被分开的事实。隶书承袭金文，将字形规整为"窗"，并沿用至今。

【"窗"字的演变】

甲骨文	金文	小篆	隶书	简体字
⊞	囟	窗	窗	窗

【英语一点通】

"窗"的英文是 window。由 window 组成的词有 screen window,指"纱窗";double window,意思是"双层窗"。其中,screen 指"帘、屏幕",double 指"双的、双重的"。与 window 音、形相似的词有 widow,意思是"寡妇",小朋友可不要搞混了!

【小朋友背诗词】

初夏睡起

[宋] 杨万里

梅子流酸溅齿牙,芭蕉分绿上窗纱。
日长睡起无情思,闲看儿童捉柳花。

(**注释** 流酸溅齿牙:余酸还残留在牙齿之间。分绿上窗纱:绿荫映衬到纱窗上。思:情绪。柳花:柳絮。)

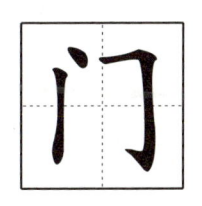

门

"小兔子乖乖,把门儿开开,快点儿开开,我要进来。"童话中的小动物都知道,屋子有了门就能抵御大灰狼。而我们的祖先也是采取给居处装上门的办法来防御野兽并避寒。甲骨文的"门"就是最初的门的象形,可以看出,当时的门简单粗糙,就像篱笆;虽然后来门发展得越来越坚固精美,但从金文一直到隶书,"门"的字形并没有太大变化;而当汉字简化写作"门"后,"门"字已完全失去了象形的意味。在以上演变中,"门"的字义得到逐步扩展,如在"门径、门道"中指途径、诀窍,在"门第、门风"中指家族或家族的一支;它还能作量词,如"一门大炮"等。而以"门"作偏旁的字如"闭、阔"等,其字义则多与门有关。

【"门"字的演变】

甲骨文	金文	小篆	隶书	简体字
門	門	門	門	门

【英语一点通】

"门"的英文有 gate,一般指"大门、围墙门",如"校门"即为 school gate。当"门"指家、屋子、衣柜等较小的门时,英文用 door,例如我们常说的"出去时请关门。"译为"Close the door when you go out."。小朋友可以用顺口溜"大门 gate 小门 door"来记忆。

【词语聚宝盆】

"门庭若市"出自《战国策》,原来形容宫门里、朝廷上进谏的人多得像在集市一样,十分热闹。现在形容来的人很多,非常热闹。门:原指宫门;庭:原指朝廷,现指院子;若:好像;市:集市。与"门庭若市"近义的词有"车马盈门"等,反义的词有"门可罗雀、门庭冷落"等。

开

如果小朋友对比"开"的繁体字形"開",你就会发现"开"原来是与"门"相关的一个字。古文的"开"为内外结构:两边是两扇门,中间一横是门闩,下面是一双手,多形会意,表示两手打开门闩之意,也即"开"的本义为开门。小篆时,字形内部的门闩及双手之形合为一体,并演变为"开";隶书承袭古文,写作"開"。到汉字简化,字形中的"門"被摒弃,整个字由部分字形来表示,即字形演变为"开"。除本义开门外,"开"还有很多引申义,如在"开释"中指释放、赦免;在"开除"中指解除、免去;在"开票、开账"中指书写、填写;在"开演、开业"中指开始、开端;而在"开荒、开边"中指开拓、扩展等。

【"开"字的演变】

金文　　小篆　　隶书　　简体字

開　　開　　開　　开

【英语一点通】

"开"的英文有 turn on 和 open。两者区别在于：turn on 指打开某种电器如电灯、电视等的开关，而 open 指用手或某工具打开除电器之外的东西。例如"开灯"即为 turn on the light，"开窗"为 open the window，"开锁"为 open a lock 等。

【可爱的祖国】

中华人民共和国开国大典是指1949年10月1日在北京为中华人民共和国中央人民政府成立而举行的仪式，是中华人民共和国成立的标志。当天，毛泽东主席在天安门城楼上宣告中华人民共和国中央人民政府成立，并亲手按动电钮，升起第一面五星红旗。

关

"关"字的形成及演变与"开"字相似，都是最初以"門"会意，但最终又弃"門"不用的一个过程。金文的"关"也是内外结构：两边代表两扇门，中间两竖线是木棍，竖线上的点表示门上的环状物，多形会意，指通过环状物将木棍插入地下，使门关闭之意，也即"关"的本义为关门，与"开"相对。到小篆，字形变得复杂：环状物增加，底下还多了表示钩状物的短横，意思是为了将门关紧，还可以在钩状物上插入类似门闩的横木。隶书承袭小篆，写作"關"，同时又将"关"演变为义从"門"、声从"丱"的形声字。汉字简化后，字形中的"門"被去掉，整个字便演变为今天所用的"关"。

【"关"字的演变】

金文　　小篆　　隶书　　简体字

関　　關　　關　　关

【英语一点通】

与"关"对应的英文有 close 和 shut。但是，close 主要指"关闭、停止、结束或封闭"商店、工厂、门窗、会议等，而 shut 主要指"关闭"门窗或"合上"书本、伞等。例如"The store is closed today."意为"商店今天停业。"，而"She shut the door behind her."则指"她随后关上了门。"。

【小朋友背诗词】

凉州词

[唐] 王之涣

黄河远上白云间，一片孤城万仞山。
羌笛何须怨杨柳，春风不度玉门关。

（注释　万仞：一仞为八尺，万仞是形容山很高的意思。羌笛：古代羌人所制的一种管乐器，有两个孔。杨柳：这里指《折杨柳》曲，是一种哀怨的曲调。玉门关：关口名，在今甘肃敦煌西南，是古代通西域的要道。）